民主主義を信じる

宇野重規

青土社

はじめに　民主主義が問い直された五年間

本書は、著者が東京新聞に連載した「時代を読む」の文章を集めたものである。二〇一六年の一月から二〇二〇年の十二月までをカバーしているが、奇しくもこの五年は日本と世界のそれぞれにおいて、民主主義の意義が問い直された時期と重なる。

激動の五年間

二〇一六年は米国大統領選の年であった。政治が左右に分極化していることが明らかになり、それを政治的に最大限利用しようとするトランプ氏の特異性が次第に浮き彫りになっていく。大統領候補の討論会を受けた十月の記事では、世論調査がトランプ氏の劣勢を報じているにもかかわらず、「余裕を演出し、理知的に語るクリントン氏の姿は、あるいは、ワシントンを支配するエリートそのものに見えたかもしれない」と記している。その懸念は的中することになった。六月の英国における国民投票によるEU離脱（ブレグジット）の決定と合わせ、「二〇一六年の転換」は世界的な民主主義の変調を万人の目に明らかにした。

その一方、外見的には政治の極端な分極化が見えない日本政治をどう捉えるかが、注目されることになる。安倍晋三首相の政権が長期化するなか、二〇一七年には森友学園・加計学園問題をめぐって、首相の関与が疑惑として浮上した。四月には「ソンタクという妖怪」という記事を書いている。政治的決定が一部の関係者のみによってなされ、疑問の声に対しては説明がなされず、すべては忖度によって決定していく日本政治のあり方に警鐘を鳴らしたものである。小池百合子東京都知事による「希望の党」をめぐる騒動もあり、空虚なキャッチフレーズが飛び交う状況において、肝心な対話と合意に必要な政治における「言葉の貧しさ」ばかりが目立つようになっていった。

二〇一八年、著者がドイツに滞在したこともあり、日本を外部から捉える論考が増える。前年の北朝鮮によるミサイル危機による国際的緊張が高まる一方、日本政治が主体的な役割を果たすどころか、むしろ危機に十分対応できず、「ガラパゴス化」が進んでいるのはないかという危惧がたびたび表明されている。朝鮮半島の南北首脳会談はもちろん、企業や大学における不祥事、さらに死刑問題、外国人労働者問題などを通じて、日本政治が重大な判断や選択を前に、むしろ旧態依然《きゅうたいいぜん》とした仕組みを温存し、柔軟で適切な対応をできずにいることが浮き彫りになる。未来への見通しは不透明さを増していった。

しかし、この間、日本政治において新たな可能性を感じさせる出来事が皆無であったわけではない。

二〇一九年二月には、米海兵隊普天間飛行場の名護市辺野古移設をめぐる住民投票が行われた。投票を妨げる動きもあったが、若者らが署名を集めて直接請求し、県議会で条例が成立したのは画期的であった。移設反対の声が表明された投票結果を政府が受け入れないなど課題を残したが、自分たちの地域のあり方を自ら決定したいという沖縄の人々の思いは、日本全体に重要な問題を提起した。この年の記事のなかには、日本海の離島でありながら、住民自らの改革と島外からのIターン者によって独自の改革を実現した島根県海士《あま》町の「奇跡」についても触れられている。国政の中枢が空洞化するなか、むしろ新たな改革の胎動が、日本の各地域に生じていることを感じさせた。

コロナ危機と民主主義

二〇二〇年、新型コロナウイルスが世界で猛威を振《ふ》るった。各国は、ロックダウン（都市封鎖）など緊急の対応に追われた。日本においても安倍政権の対応が迷走し、危機の様相が深まっていく。問題は未知のパンデミックにいかに立ち向かうかばかりではなかった。感染症は等しく人を襲うように見えて、実際には、社会においてより弱い立場の人により深刻な影響を及ぼす。看護師など感染の危険と直接向き合うエッセンシャルワーカーが、敬意を受けるどころか差別に遭《あ》うなど悲しい事例も見られた。休業を余儀なくされた人々や、多くの負担を押しつけられた家庭などをいかに支援していくか、政治の真価が問われた。

コロナ禍においては、独裁的手法を用いてでも感染拡大を予防することに成功した中国を例に、民主主義の限界を説く声も見られた。多くの関係者の合意を必要とする民主主義は、危機に迅速に対応することができない。むしろ、独裁的なリーダーシップこそが、緊急事態に対応できる。世界的に見ても、独裁的な指導者や、政治体制の権威主義化が顕著になるなか、日本でも民主主義に対する懐疑論が拡大していった。しかしながら、民主主義が危機に対応できないわけではない。一時的には、対応の「正解」が見えないなか、内閣や地方自治体の首長の緊急的な判断が必要であるとしても、その判断が正しかったのかについて、民主的なコントロールが重要になる。そのためには決定過程の記録の保存と、しっかりした事後的な検証が不可欠であるが、日本のコロナ対応は、この点で大きな課題を残した。

民主主義は決定過程を公開・透明化し、関係する誰もがそこに参加することを可能にする。より多くの人々が国や世界の政治を「他人事」ではなく「自分事」として捉え、当事者意識とそれに基づく責任感を持つことを要請する政治体制でもある。そのような民主主義は、一時的には混乱したり、判断を誤ったりすることがあっても、長期的には自らを修正し、多様な実験を可能にする。それが何よりの民主主義の強みであり、コロナ危機を通じて、民主主義の再生の芽が生まれつつあると信じたい。

新たな時代へ

二〇二〇年後半になり、日本では安倍首相の長期政権が終わりを迎え、米国では現職のトランプ大統領が大統領戦で敗北した。ある意味で、この五年間の日本と世界の政治における最高責任者が退陣したことになる。このことは大きな時代の転換点となるかもしれない。米国大統領選で多くの女性政治家の躍進が見られたように、新時代の担い手も少しずつ見えてきた。

もちろん、民主主義の本格的な復調への道のりは険しく、その先行きも見えているとは言い難い。何より、グローバルに拡大する格差を拡大したまま放置するならば、社会の分断はさらに悪化し、民主主義の再生は夢物語に終わるだろう。

しかしながら、コロナ危機という人類共通の課題を前に、多様な人々の英知と努力を結集し、一人ひとりの生活を実効的に支えることが、世界各国の課題となっている。より良き政治のあり方をめぐって世界各国の競争が加速し、そのなかで民主主義の可能性が再び人々の共通の信念となることを信じて疑わない。そのためにもこの五年間をしっかり見直すことが大切である。

未来はすでに始まっている。

民主主義を信じる　目次

はじめに　民主主義が問い直された五年間　1

I　二〇一六年——「憂慮」

コモン・センスを問う　17
世界が分極化する中で　20
選挙改革　将来への論点　23
憲法評価の高まり　24
起こるべくして起こった辞職　29
奇妙な判断停止　32
左派指導者の資質　35
米大統領選での「ねじれ」　38
政治家を育てる　41
二〇一六年の転換　44

Ⅱ　二〇一七年——「始動」

トランプの民主主義　49
米国の立憲主義　52
ソンタクという妖怪　55
ポピュリズムの実相　58
「踏みとどまり」の実験　61
「政治の言葉」の回復　64
政治のプリンシプル　67
衆院解散の「副作用」　70
「若者の保守化」に思う　73
「半熟卵」の日本政治　76

III 二〇一八年――「予兆」

滑稽なネズミ 81
マクロンの徴兵制 84
進む政治の「ガラパゴス化」 87
今こそ日本の役割、再確認を 90
時代遅れの危機対応 93
死刑の是非を考える 96
日独の担うべき役割 99
「保守本流」の弱体化 102
記者殺害事件の嘆かわしさ 105
なんとも微妙な結果 108
国民的議論を踏まえて 111

Ⅳ　二〇一九年――「深化」

民主主義の最後の砦　117
奇妙な中ぶらりん　120
海士町の「奇跡」　123
何が始まったのか　126
むなしい「真夏の狂宴」　129
一票投じる三つの基準　132
やりくりの歴史に学ぶ　135
人事から読み解く胸中　138
長期的視野での治水を　141
理念の価値教えた教皇　144

V 二〇二〇年——「異変」

劇的事件に慣れる怖さ 149
危機に備える哲学 152
五輪というハンディ 155
負担の分かち合い 158
米国の姿は各国の明日 161
検証の機会生かせたか 164
法治という価値 167
「二〇二〇年体制」に期待 170
線を引くという知恵 173
民主主義再生の芽 176

あとがき 179

民主主義を信じる

I

二〇一六年——「憂慮」

2016: Concerns

コモン・センスを問う

夏に参院選、あるいは衆参同日選を迎える今年、日本のコモン・センス（常識）が問い直されることになる。コモン・センスなどと大げさに書くのは、ほかでもない。十八世紀の思想家トーマス・ペインが、まだ英国の植民地だった頃のアメリカ人に、何が真に自らの利益か、コモン・センスを問い直したことを思い出している。

二〇一六年時点での日本のコモン・センスとは何か。検討されるべき軸は三つあると思う。

第一は外交・安全保障である。昨年の安保法制の成立により、日本は集団安全保障の名の下に、海外に自衛隊を派遣することが可能になった。参院選では安保法制の是非があらためて問われることになるが、考えるべきはさらに東アジア、さらには世界のなかで日本がいかなる位置を占め、役割をはたすかについての構想である。

価値観外交を唱える安倍政権は、日米関係を基軸にインドやオーストラリア、さらに東南アジア諸国連合（ＡＳＥＡＮ）との関係強化を主張する。中国の影響力拡大に対抗するねらいは明らかだが、はたしてこの政策が本当に東アジアの平和をもたらすか。日米関係の根底にある「戦後レジーム」からの脱却を主張し、憲法改正を目指す安倍晋三首相が、本当に米国と「価値観」を共有しているかも問題となるだろう。

第二は経済政策、とくにアベノミクスと地方創生の関係である。金融緩和により円安と株高の維持を目指す政権だが甘利明経済再生担当相を失い、肝心の成長戦略である「第三の矢」は成果が見えない。とくに大企業を中心とする東京の「好況」が地方に波及しているとは言えない。地方創生は看板倒れではないか、議論が必要だ。

考えるべきは、日本全体の将来ビジョンである。グローバル企業が、ますます海外で生産し、海外で販売する傾向を強めるのに対し、日本の国内総生産（ＧＤＰ）と雇用の多くを占めるのは地域に基盤を置く産業である。両者の経済的結びつきがはっきりしない以上、アベノミクスがサービス産業を主とする地域経済の発展に、どれだけの有効性があるのか再検討すべきであろう。人口減少社会を支える経済政策が求められている。

第三は社会政策であり、「一億総活躍社会」、そして「女性が輝く社会」をうたう安倍政権の真剣度を問い直さなければならない。「一億総活躍」とは、国民会議に参加した菊池桃子さんが言うように「誰もが排除されることのない」社会を意味するのか。それとも若者や女性、高齢者を含め「すべての人間が低賃金で長時間労働を強いられる」ことを意味するのか。「一億総活躍」がブラックジョークにならない保証はない。そもそも一億人の人口維持と、そのための希望出生率一・八を掲げる「新・三本の矢」が本当に現実的なのか。さらに、そのような政策といわゆる「女性活用」政策の間に、整合性があるかも問われてしかるべきである。人がどのように生き、暮らし、働くか、根本のイメージを考えなければならない。

日本社会が本当に大切にしている価値とは何か。日本をどのような社会にしていきたいのか。自らの「コモン・センス」を問い直し、後悔のない一票を投じなければならない。

世界が分極化する中で

米国の大統領選が早くも最初のヤマ場を迎えつつある。注目はやはり共和党のトランプ候補と、民主党のサンダース候補であろう。「イスラム教徒の入国禁止」や「メキシコ国境に壁を」といった発言で世を騒がせる大富豪と、当選すれば史上最高齢の大統領となる「民主的社会主義者」。いずれもかつてであれば、考えられなかったような候補である。

興味深いのは、低所得者層がトランプ候補を支持し、若者たちがサンダース候補を支持している点である。ある意味で、格差の拡大する米国において厳しい立場に置かれた人々が、それぞれの思いを託しているともいえる。背景にあるのは、現状に対する不満と、変革を訴えたオバマ政治に対する失望であることは間違いない。

経済のグローバル化が進む中、格差が拡大するのは世界的な傾向である。暮らしを脅かされた人々が、現状の変革を訴える左右両極の主張に魅力を感じているのも、その意味では不思議でない。ヨーロッパでも、フランスの国民戦線をはじめ右翼政党が躍進する一方、スペインのポデモスのような新興左翼政党の台頭が見られる。日本はどうだろうか。ある意味で、微妙なところである。

たしかに政治の分極化は進んでいる。昨夏の国会前デモのように、安全保障や生活に対する不安から、政治の現状に対する批判が強まっているのは間違いない。他方で、憲法改正への懸念やアベノミクス失速にもかかわらず、安倍政権への支持はいまだ根強い。あたかも二つの世論があるかのように見えるのが現状である。

ただし日本においては、米国のサンダース候補、スペインのポデモスのイグレシアス党首のように、格差是正を明確に主張して大衆的人気を博する政治家はいまだ現れていない。現状では、左派ポピュリズムの動きが必ずしも強くないのが日本の特徴である。

その一因に、日本の場合、海外では左派の特徴である財政出動に、むしろ保守の側が積極的であるという点がある。例えば、サンダース候補が公立大学の無償化や一兆ドルの公共投資を主張するように、本来、左派は格差の是正をはかるため、政府による支出の増大に積極的なはずである。

これに対し、日本の場合、保守政権が公共事業などによる財政支出の拡大に積極的であったことから、野党の側はこれを批判してきた経緯がある。加えて増税への忌避感から、格差是正のためとはいえ、大幅な政府支出の増大は主張しにくい。結果として、海外の左派ポピュリズムに見られるような、人々の期待をかき立てる主張はしにくい。

ただし、このような日本の状況が悪いとも言い切れない。多くの諸外国のように、右派が排外主義をあおり、左派が現実性の薄い公約を連発するという、不毛な二者択一を免れているとも言えるからだ。日本の場合に求められるのはやはり、厳しい財政状況のなか、どのような税金の使い方をするべきか、議論が深まることであろう。

財政出動が必要であるとしても、これまでのような個別的な公共事業中心がいいのか、それともすべての人々の基本的なニーズに応えるべきか。

日本政治もまた、いつ不毛な分極化に陥るかわからない。限られた時間のなかで英知を集めたい。

2016. 03. 06

選挙改革 将来への論点

議院の選挙制度をめぐって、いわゆるアダムズ方式が議論されている。自民党が二〇二〇年の国勢調査から同方式を導入することを主張しているのに対して、民進党は一〇年の結果に基づき、直ちに実現することを求めている。一見、技術的な問題にもみえるが、日本の将来を考える上で、重要な論点を秘めている。

ところでアダムズ方式とは何か。この方式は、議員の定数を人口比例に基づいて配分する方式だと一般に説明される。各地域の人口を一定の数で割り、地域ごとの定数の合計が議員定数と一致するよう、この数を調整する。ちなみに割った結果の小数点以下を「切り上げる」というのが、隠されたミソである。

この方式ならば、一票の重みの格差が抑えられる上、もっとも人口の少ない地域でも、最低限一議席は確保される。人口比例を原則としつつ、議席がゼロの地域を出さないというのが、この方式のメリットである。さらにいえば、この方式がいったん認められれば、あとは国勢調査ごとに技術的に定数配分を決めることができる。とかく、その時々の現職議員の思惑が反映されやすい問題だけに、意味のある改革であろう。

ただし問題なのは、現在の日本において地域間の人口バランスが大きく変化している点である。現在の趨勢《すうせい》が続く限り、人口が集中する都市部の議席が増え続け、逆に人口減少地域の議席は減るばかりである。人口比例を原則とする以上やむをえないともいえるが、日本の政治を決定する上で、バランスのとれた意見反映の方法かといえば課題も残る。

その意味では、アダムズ方式の導入時期だけではなく、参議院などを含め、選挙制度の全体を見直していくことが重要であろう。仮に衆議院において人口比例の原則を徹底するのであれば、参議院では地域バランスの要素を加味するという考えもありうる。憲法上の制約はあるが、いろいろ工夫してみる余地はある。

例えば米国の連邦議会では、下院の議席は人口比例だが、上院は州の大小を問わず二議席と決められている。大州と小州間の妥協の産物であるが、一つの知恵ではある。大統領選の予備選でも、すべての州で同時に行うのではなく、ニューハンプシャーなど小さな州から始まる。小州にも政治的重要性を与える点で、一定の意味があるだろう。

日本の参議院の場合、苦肉の策として県と県をまたがる合区が今夏から導入される。一票の格差を抑えるための変更だが、合区とされる県の住民には複雑な思いもあるはずだ。地域の声を国政に反映させるという点で、技術的に決定してよい論点ではない。弥縫《びほう》策を繰り返せば、代表制そのものへの不信につながりかねない。

選挙制度とは、「自分たちの代表」を決める上で重要な意味をもつ。やや頭の体操めいた話にはなるが、現在、世代別の選挙区も議論されている。地域ごとの選挙区だと、どうしても数の少ない若者の声は反映されにくい。世代別の選挙区なら、数は少なくても確実に若者による代表が選ばれるというわけだ。地域や世代だけではない。日本社会を構成するさまざまな利害や感覚の違いを政治にどう反映させるか。大きく変わりつつある日本社会だけに、頭の使いどころである。

憲法評価の高まり

今夏の参院選で憲法改正は争点となるのだろうか。安倍晋三首相が改憲への志向を強めるなか、興味深いデータがある。新聞各社は憲法の日を前に毎年世論調査を行っているが、その結果を見ると、明らかに「異変」が起きているのである。

共同通信社が四月の二十九、三十日に行った全国電話調査によれば、安倍首相の下での改憲に「反対」が五六・五％、「賛成」が三三・四％と、反対が大幅に上回っている。首相の意図にもかかわらず、国民世論ははっきりと憲法維持を支持しているようだ。

「安倍首相の下で」という条件を外してみても「変える必要がない」が「改正すべきだ」より高い数値を示している調査が目立つ。中には調査開始以来初めて「現在のままでいい」が五割を超えたという報道をしている新聞社もある。

長期的な趨勢としては、この三十年ほどの間に憲法改正へのタブー感は薄まり、時代の変化とともに憲法を変えることを否定しない声が増えていた。これに対し、第二次安倍政権以降、あらためて護憲派が再逆転したことになる。その意味では、首相の意図とは逆の結果が生じていると言えるだろう。

しかしながら、内閣支持率については大きな変化がなく、支持が依然として不支持を上回っている。このような国民世論をどのように読み解くかが問題だが、とりあえずは安倍内閣の継続を望みつつ、その下での憲法改正には否定的というのが大きな趨勢なのかもしれない。

今後、憲法を論じるにあたっては、その基本的精神を重視しつつ、それぞれの条文を検討していくことが重要になるのではないか。各社の世論調査にも示されているように、第九条については支持の声が圧倒的に大きい。今後の安全保障論議においても、このことがすべての議論の前提となるべきである。

それ以外の条文においても、例えば第一三条の「すべて国民は、個人として尊重される」の意義は大きい。生命、自由、幸福追求の権利を保障する根拠条文であるとともに、自民党の憲法改正草案では「個人」が削られて、単に「人」とされているように「個人」という価値の源泉でもあるからだ。さらに「健康で文化的な最低限度の生活」をうたう第二五条も、今後ますます重要性を増すであろう。自分は「最低限度の生活」さえ奪われているのではないか。そのような声が、いまも日本各地で聞かれる。自らの権利実現の基礎となるのが、この条文である。

もちろん条文の上で、ただそのような文言が書かれているだけでは意味がない。そのような文言の意味を、国民がたえず議論し、具体化し続けることが重要である。

条文の数においても、また全体の分量においても、日本国憲法は世界的に見て、短い方に属する。とはいえ、そこに規定されている権利のリストは充実している。そうだとすれば、大切なのはそのような権利のリストをどのように実現していくかである。

ここにきて護憲派の割合が高まっているのは、日本国憲法の意義について、国民の間での評価が高まっていることを意味するはずだ。憲法を大切にするための憲法議論の活性化を期待したい。

起こるべくして起こった辞職

舛添要一東京都知事が辞職することになった。高額の海外出張、公用車による別荘通い、さらには政治資金を用いての家族とのホテル滞在と、公私混同の疑惑が続いた結果であった。最後まで都民を納得させるだけの説明ができなかった以上、同情の余地はない。

とはいえ、近づく参院選をはじめ、他にも重要なテーマが山積するこの時期、世を挙げての狂騒劇には、ただただ、ため息しか出ない。参院選で争われるのは憲法なのか、あるいは社会経済問題なのか。重要なこの時期にひと月以上にわたって、世の関心がこの問題に「占拠」されてしまった代償は大きい。

しかしながら、この舛添問題をより大きな視点から捉え直す余地はないだろうか。すなわち、舛添氏個人の金銭感覚の非常識さだけを問題とするのではなく、より広く、東京都知事を巡る構造的な問題をつきとめる糸口にすることはできないだろうか。

というのも、任期途中で辞任するのは舛添氏が初めてではない。不明朗な資金提供問題から辞任した猪瀬直樹前知事、国政復帰を理由に辞任した石原慎太郎元知事と、三代続いて知事が任期を全うすることなくその座を去っている。そのたびに巨額の費用と労力をかけて選挙をするのだから、問題は深刻である。

さらに注目すべきは、そのまた前任の青島幸男元知事を含め、このところ、いわゆる「タレント」出身の知事が続いていることである。作家やテレビ出演者として名の知れた人物が知事の職につき、その多くが任期満了を待たずに辞職していることには何らかの背景があるのではないだろうか。

東京都は特殊な「自治体」である。人口は千三百万人を超え、一つの国であってもおかしくないサイズである。都庁職員も膨大で、非常勤職員等を除いても十七万人近い。しかも首都であり、多くの企業の本社を抱える結果として、税収が多く、地方交付税を受けない「富裕団体」でもある。

このような組織の頂点にある都知事の仕事は難しいものであろう。それぞれが優に大企業に相当するいくつもの事業体の上に乗っかり、ある意味で、乗っかっているしかない職務である。自身のスタッフは少なく、業務のすべてを統括することなど、とても不可能である。リーダーシップを発揮しようとして空回《からまわ》りする知事が出てきても不思議ではない。

　一方で、都知事選を勝ち抜くには、巨大な票を得る必要がある。百万を超える票を集めながら落選する候補者もいて、政党がすでに知名度の高いタレントに目を向ける一因となっている。

　要するに、東京都知事とは、巨大な組織の上に立ち、すべてを実質的に指揮するにはあまりに無力だが、人気者でなければならず、しかも金銭的には独特な魅力がある。こうしてみると、舛添氏の今回の問題は、起きるべくして起きたことのようにも言える。このままの状態が続けば、「舛添氏」的な人物が、その跡を埋めるだけだろう。

　オリンピックを控え、ますます東京への人・金・事業の集中が続いている。このような状況で東京都という巨大組織が迷走することは、日本全体にとっても不幸なことであろう。舛添氏だけの問題に、議論を矮小《わいしょう》化しない方がいい。

奇妙な判断停止

二〇一六年は、あるいは民主主義にとって大きな転換点となる一年となるかもしれない。

英国が欧州連合（EU）離脱を決定した国民投票は、その最たるものであろう。国の大きな運命を決する判断を、扇動的キャンペーンの下、しかも一回限りの投票に委ねてよいものなのか。将来を決めるにあたって必要な情報や、長期的な視野をどのようにして確保するのか。民主主義にとっての最重要課題である。

メキシコ国境に壁を建設し、イスラム教徒の入国禁止を公然と主張するドナルド・トランプ氏が米大統領選で共和党の候補に指名されたのも、民主主義の危うさを感じさせる要因となっている。グローバル化によって格差が拡大するなか、どうしても政治的判断は分極化しがちである。候補者たちが、極論《きょくろん》を口にすることで人気を博そうとする誘因に、どのようにして歯止めをかけるか。合意形成は難しくなるばかりである。

フランスのテロや、トルコにおけるクーデター未遂を含め、民主主義が内憂外患の時代を迎えるなか、日本の民主主義の現状はどうなのか。民主主義をより柔軟に、より適切に使いこなしていると言えるのだろうか。

与党が改選過半数をはるかに上回る圧勝に終わった参院選を見る限り、日本の民主主義は「奇妙な判断停止」の状態にあるように思われてならない。なるほど、日本政治は極端な左右の分極化は免れているのかもしれない。現政権の継続を選んだという意味では、日本の世論は極論への誘因を退け、慎重な現状維持を選択したとも言える。

とはいえ、多くの世論調査からうかがわれるように、与党に対する熱狂的支持が見られたわけではない。むしろ野党が十分な選択肢を示すことができず、「他に選びようがなかった」というのが実情であろう。

消費税率を一〇%に上げるのを再延期し、早々に与野党間の対立がなくなってしまったのも議論の盛り上がりをそいだし、少子高齢化と地域社会の衰退に対する有効な対抗策について積極的な論争がなかったのも残念であった。これからの十年が日本社会にとって死活的に重要なだけに、「消極的な現状維持」を選んでしまった代償は大きい。

何より不満が残るのが憲法論議である。たしかに「改憲勢力」が三分の二を超えたのは歴史的な事実であろう。もはや憲法改正はタブーではなく、政治的議論の対象となっていくのは間違いない。

しかし、それではどのように憲法を変えていくかについてはまったく不明であり、実《み》のある議論はなされなかった。「改憲勢力」といっても、各党の考えは大きく異なり、同床異夢というほかない。これだけ内容の乏しい選挙で、憲法改正へのハードルが下がるのは無残である。

その意味では、今回の参院選を見る限り、日本の民主主義は「賢明な現状維持」を選んだというより、嵐の世界のただ中で「奇妙な判断停止」に陥ったと言うべきであろう。これもまた「民主主義の危機」である。

日本社会の課題が明らかである以上、「判断停止」を続けてはならない。「民主主義の危機」を脱出するためには、議論を続けるべきである。選挙の後こそが肝心である。

左派指導者の資質

民進党代表選が間もなく告示される。現執行部の支援を受ける蓮舫代表代行の独走かと思われたが、ここにきて前原誠司元外相が名乗りを上げた。民進党の展望をいかに切り開くか、実りある論戦を期待したい。野党第一党である以上、どれだけ道が険しくても政権を目指さなければならない。

ところで野党、とくに左派の野党リーダーが政権を目指すにあたって、参考になりそうな本が最近刊行された。一冊目は西川賢『ビル・クリントン』（中公新書）である。今秋の米大統領選で民主党候補となったヒラリー・クリントン氏の夫でもあるビル氏は、その在任中のたび重なるスキャンダルにもかかわらず、いまもなお絶大な人気を誇り、その実績への評価が高まっているという。

大統領選出馬にあたり、現職であり老練《ろうれん》なブッシュ大統領と比べ、クリントン氏は若く魅力的ではあったが、外交面を中心にいかにも未熟であった。しかしながらクリントン氏は、選挙戦を通じ、経済状況の悪化に苦しむ中間層への共感を示すと同時に、財政再建による責任ある福祉改革を強調、中道主義を打ち出した。

このことが功を奏して大統領になったクリントン氏であるが、在任中は困難の連続であった。苦手の外交はもちろん、内政面でも実現できなかった課題は多い。そしてスキャンダルである。とはいえクリントン氏の特徴は柔軟な対応と強靭《きょうじん》な回復力にあった。まさに「レジリエンス（回復力）」の大統領であった。

クリントン氏は、結果として米国に経済的繁栄を取り戻し、冷戦後の国際状況に巧みに対応した。その強みは、イデオロギー的な強さよりはリアリズムに基づく柔らかさにあったと言っていい。未来への不透明性にみちた今日、前向きな意味での試行錯誤と柔軟な修正力こそ、左派の指導者に求められる資質ではないか。

もう一冊はミシェル・ビノック『ミッテラン』（吉田書店）である。ドゴール将軍の圧倒的な威信の下に発足したフランス第五共和制にあって、社会主義勢力を結集すると同時に、共産党との連携によりみごと大統領に選ばれたミッテラン氏の手腕については、これまでも多くが語られてきた。

この本が面白いのは「それ以前の」ミッテラン氏についての記述が充実している点である。ナチスドイツへの協力で悪名高いビシー政権との関係を含め、左派的というより右派的であり、寝業師《ねわざし》的な政治家のイメージもあった若き日のミッテラン氏は、ドゴール氏との対抗を通じ、したたかな社会主義政治家に成長していった。

そのようなミッテラン氏であるが、左派の結集だけは揺るがなかった。大統領就任後に政策不一致で政権から離脱するに至るまで、あくまで共産党との連携を強調し続けたのも彼の特徴だった。左派野党の結集なくして保守政権には対抗しえない。この信念がミッテラン氏の背骨となったのである。

「中道」を選んだクリントン氏と「左派の結集」を訴えたミッテラン氏。違いはあるが、透徹《とうてつ》したリアリズムと柔軟な対応力、挫折に屈しない骨太さは共通しているように思われる。しばしば保守政治家について語られるが、現在では左派の指導者にも求められる能力ではないか。民進党の次なるリーダーに期待したい資質である。

米大統領選での「ねじれ」

米大統領選の第一回テレビ討論会が行われた。調査によれば、全米で八千四百万人もの人がテレビの前で生中継を見つめたという。その数は歴代最多であり、インターネットを含めれば、さらに増加する。

それにしても興味深い政治的「イベント」である。司会者を介してとはいえ、大統領を目指す二人の候補者が九十分間にわたり、議論を続ける。いや、議論だけではない。途中で相手の発言を遮ったり、非難を応酬したり、決して品のいいやりとりばかりではない。

候補者の政策ばかりか人柄までもが丸見えになるこの機会を、有権者はじっくりと眺め、評論し合う。これを三回もやるのだから、「政治の国」米国らしい話である。

首相と野党党首の討論に対してあまり世の注目が集まらない日本から見ると、ある意

2016. 10. 02

味でうらやましい風景とさえ言える。

今回、討論会が盛り上がったのは、やはり候補者の「キャラ」が立っているからだろう。大統領夫人から国務長官まで経験し、初の女性大統領を目指すクリントン氏と、公職をまったく経験したことのない不動産王のトランプ氏。ワシントンのインサイダーとアウトサイダーを体現するような二人は、話し方も対照的であった。

せわしなくコップの水に手をやり、相手の発言中であろうとおかまいなく口を出すトランプ氏が、あたかも「暴れん坊」であるのに対し、それを冷静に受け止め、二言《ふたこと》三言《みこと》しゃべらせたところでぴしゃりと反論するクリントン氏は、困った子どもをたしなめる「賢い母親」のようにも見えた。

実際、米CNNテレビの調査によれば、クリントン氏の勝利とする声が六二%に上り、トランプ氏優勢と見る二七%を圧倒した。両候補の発言について多くのメディアが即座に事実確認（ファクトチェック）を行ったが、その結果も、ほぼ正確なクリントン氏に対し、「誤りや扇動が多い」トランプ氏と違いが明らかになった。

ただし、これでクリントン氏が選挙戦において優勢になったとは言えないのが、討論会のポイントである。ここまでトランプ氏を支えたのは、グローバリズムによって生活を脅かされている低所得の白人層とされる。

　このままでは米国人の暮らしは悪くなるばかりである。米国の外からは、移民にせよ、テロにせよ、脅威ばかりがやってくる。世界の国々に、しかるべき対価を支払わせるべきだ。何より、米国をこんな悲惨な状態に陥らせたエリートたちを許してはならない。このようなトランプ氏の叫びは、彼らの心に対し、大きなアピールとなるはずだ。

　余裕を演出し、理知的に語るクリントン氏の姿は、あるいは、ワシントンを支配するエリートそのものに見えたかもしれない。そうだとすれば、テレビでその姿を見た有権者が心理的にどのように反応するかは、まだ予断を許さないと言える。

　米国といえばグローバリズムの中心であり、そのもっとも有力な推進力にも見える。しかしながら、グローバリズムに対する半ば悲鳴に近い声が、トランプ氏という、富豪にしてワシントンのアウトサイダーという「暴れん坊」によって代表されるという二重三重の「ねじれ」を、世界は固唾《かたず》をのんで見つめている。選挙戦は続く。

政治家を育てる

東京都知事の小池百合子氏が政治塾を始めた。その名は「希望の塾」。五千人近い応募者が殺到し、三千人ほどが入塾を認められたという。来年春の都議選をにらんだ「新党予備軍」との予測もあり、メディアをにぎわせている。

それにしてもなぜ政治塾なのか。最近でいえば、大阪市長だった橋下徹氏の「維新政治塾」、滋賀県知事だった嘉田由紀子氏の「未来政治塾」、さかのぼれば「松下政経塾」が先駆けであった。政治への無関心が語られるなか、世の中には政治家になりたい人が意外に多いのだと驚かされる。

構造的な要因は二つある。一つは政治家の供給源の枯渇だ。かつては政治家になるのは名望家《めいぼうか》といわれる地域の有力者がほとんどだった。官僚から政治家に転じる人もいれば、地方政治から国政に進出する人もいたが、社会的出自は大きく違わなかった。

これに対し、政治家の二世、三世が目立つようになったのは、一九九〇年代以降である。二十一世紀になってからは、二世、三世でない首相を探すのが難しいくらいである。今後もこの趨勢は続くだろうが、近年政界では人材不足も指摘されている。あるいは二世、三世も払底《ふってい》しつつあるのかもしれない。

深刻なのは、政党が真剣に政治家を養成する努力を放棄しつつあることだろう。かつてであれば、当選回数を増すにつれ、政治家は得意の政策分野を見つけ、経験や知識を蓄積していった。これに対し、選挙のたびに人が入れ替わる近年では、人材の使い捨ての傾向が強まっている。話題になれば十分とばかり、人を育てるという発想は乏しい。

二つ目の要因は、地方自治体における首長と議会の対立である。国会が首相を選ぶ国政に対して、地方政治では知事や市町村長と議員が別々に選ばれる。議会が首長の思うように動いてくれるとは限らず、対立が激しくなることも珍しくない。その意味では、近年、相次いで自治体の長によって政治塾が開かれていることは、偶然ではないはずだ。

首長にとって、自分の意見に共感し、その手足となって動いてくれる議員がいることは、極めて有益である。少なくとも、その予備軍がいるのを見せつけるだけでも、現職の議員への脅しとなる。議会に基盤を持たず、もっぱら有権者からの支持で選ばれた首長にとって政治塾が魅力的なのは、そのためだ。

ただし、真剣に地方議員をつくり出し、育てようとすれば、時間も費用もかかる。首長による政治塾には、尻すぼみになるものも珍しくない。今回の小池知事による「希望の塾」がどの程度「本気」のものなのかは、まだわからない。

いずれにせよ、地方議会に世の関心が高まっていることは悪いことではない。これまで有権者にとって最も身近なはずの地方議会は、最も縁遠い議会でもあった。近年、不祥事等もあり、地方議会に対する世の目は厳しくなるばかりである。とはいえ、地方議会を改革することなしに、草の根の民主政治を活性化することは難しい。

肝心なのは、話題の小池知事に乗っかって政治で一山当てようという人物ではなく、真に地域の声を議会につなげる政治家を選ぶことだ。その意味で政治家を育てる義務は、有権者もまた負担すべきであろう。

二〇一六年の転換

歴史において二〇一六年は大きな転換の年として記憶されるはずだ。それはいかなる意味における「転換」であったのか。六月の英国の国民投票による欧州連合（EU）離脱の決定と、十一月の米大統領選におけるトランプ氏の勝利は、世界に大きな衝撃を与えた。その原因と影響については今後も検討が続くだろうが、グローバル資本主義によって経済的・社会的な困難に陥った人々による異議申し立てが、思わぬ結果を招いたことは間違いない。

振り返れば、経済のグローバル化が加速したのは一九七九年に英国でサッチャー政権が成立し、八〇年の米大統領選においてレーガン氏が当選した時期である。英米両国によって口火《くちび》を切られたグローバル化が世界を一周して、その両国の社会の基層に跳ね返り、巨大な反発をもたらしたといえる。

ジャーナリストのクリスチャン・カリル氏の著作に、『すべては1979年から始まった』（草思社）がある。この本でカリル氏は、サッチャー政権の成立に加え、イランのホメイニ革命や、中国における鄧小平氏の改革政策などを取り上げている。社会主義の後退が明らかになるなか「市場」と「宗教」が世界を動かす時代がこの年に始まったというのである。

「イスラム国」の活動が活発化し、昨年一月にはシャルリエブド事件、十一月にはパリの同時多発事件など、多くのテロが欧州で続いた。これらを含めて考えれば「すべては一九七九年から始まり」、その帰結は二〇一五年と一六年に明らかになったといえる。この三十数年の意味を再考することは緊急の課題である。

しかしながら、世界の人々が緊密につながり、交流が加速化する時代の流れが後戻りするとも思えない。一度結びついた世界を解体しようとすれば、さらなる破壊と暴力を招き寄せる。むしろグローバル化の第一期の帰結が見えてきた今こそ、第二期を展望し、それを人類にとってより良いものとする英知を結集する時ではないか。

重要なのは、暴走しがちなグローバル経済をより公正に制御するための国際的な制度構想と、各国で傷んだ人々を救済し生活の必要を満たすための仕組みである。いずれも困難な課題であるが、無策なままであれば、絶望した人々が孤立主義や排外主義という麻薬に走ることを食い止められない。

欧州では、通貨危機に対応しようとして財政の引き締めを行い、それが各国の中間層にダメージを与えて、さらなる悪循環をもたらした。このことを思えば、グローバルな変動を、各国社会に受け止めさせるだけでは限界は明らかである。金融と財政、主権と国際的安定、経済と民主政治のバランスをいかにとるかが重要である。

翻《ひるがえ》って日本はどうか。参議院選や都知事選があり、いくつかの政党が合流し、名称を変更したが、世界の動きと比べるとある種の「小康状態」の年であったように見える。とはいえ、日本だけが二〇一六年の「転換」の例外であり続けるはずはない。トランプ大統領の下、政治・経済両面で日本を巡る環境の流動化は不可避である。

「保育園落ちた日本死ね」が流行語となった今年、日本の各地できしみの声が聞こえている。広島カープのように「神ってる」とは言い難かった日本政治は、来年、いかなる転換を示すのだろうか。

II

二〇一七年——「始動」

2017 : Starting

トランプの民主主義

米国でトランプ大統領が誕生した。私たちは、いわばトランプ時代を生きることになるが、その出発にあたって、思うところを書きたい。

あえて敵をつくり出す攻撃的な政治スタイル、差別的で男性優位主義的な発言と行動、そして何より「米国第一主義」を唱え、保護主義的で内向きの政策志向に対する懸念は大きい。就任式に欠席者が続出するなど、これほど門出《かどで》にあたって反発の多い大統領も珍しいだろう。

思い起こすと、かつて米国にジャクソンという大統領がいた。西部の開拓地に生まれ、高等教育こそ受けていないものの、軍事的な英雄として人気を博して大統領になった人物である。粗野な振る舞いゆえに批判も多く、政敵からは「文字も書けない」と揶揄《やゆ》されたが、東部のエリートに反発する西南部の民衆に支えられて当選したあたり、トランプ氏を思わせるところがある。

名もなき貧しい人々に支えられたジャクソンは、「ジャクソニアン・デモクラシー」と呼ばれる一時代を切り開く一方で、ネーティブアメリカンに対する迫害や虐殺によって、今日なお厳しい告発の対象となっている。

ジャクソン時代の米国を観察したフランスの思想家アレクシ・ド・トクヴィルは、ジャクソンを批判的に論じつつも、名著『アメリカのデモクラシー』を執筆して、彼を大統領に押し上げたデモクラシーの力に注目している。

トクヴィルは言う。世界の趨勢《すうせい》を占う上で、今後は米国を観察しなければならない。その際にポイントとなるのは、良きにつけあしきにつけデモクラシーである。デモクラシーとは不完全なものであり、しばしば大きな問題を起こすが、それでも私たちはデモクラシーとともに生きていかねばならない。そんなトクヴィルがトランプ氏を見たら、なんと言うであろう。

トランプ氏を大統領に押し上げたのが、グローバル化によって痛めつけられ、没落した白人労働者であるという声は多い。実際のトランプ支持者には、所得や学歴の高い層も含まれているが、普通の人々の怒りや異議申し立てが、トランプ当選の原動力になったことは間違いないだろう。その限りで、トランプ氏の当選は確かにデモクラシーの力によるものであるといえる。

とはいえ、デモクラシーの敵は自らの内にある。不安に駆られた人々の力が、社会の少数者を迫害し、自由や法の支配を脅かす例も少なくない。これに対しトクヴィルは、デモクラシーの困難を克服する力もデモクラシーの内にあり、草の根レベルの自治や人々のつながりが、長期的にはデモクラシーを健全なものにすると説き続けた。

はたしてトランプ氏もまた、デモクラシーの長い歴史において、デモクラシーが内なる深刻な困難を乗り越え、より良いものへと発展していく一つの事例となるのだろうか。それとも、トクヴィルの予言があてはまる時代がついに終わりを迎え、米国を観察したところで、デモクラシーの隘路《あいろ》ばかりが見えてくる、そんな時代の到来を告げるのか。

「トランピアン・デモクラシー」の時代を、後世の人はどのように論じるのであろうか。

米国の立憲主義

さすがのトランプ氏も米大統領になれば、少しは現実的になるだろう、そんな期待が吹き飛ぶこのひと月であった。メキシコとの国境に本当に壁を築こうとしたかと思えば、電話会談でオーストラリア首相と険悪な雰囲気になるなど、話題に事欠かない。メディアとの対立や人事の混乱などは、もはや織《お》り込み済みの印象さえある。

しかし、やはり注目すべきは、テロ対策を理由に中東・アフリカ七カ国からの入国を禁止した大統領令であろう。各地の空港で入国禁止となった人々が拘束され、これに対する抗議活動が相次ぐなど、世界的混乱をもたらした。ワシントン州の連邦地裁は早速、大統領令の一時差し止めを命じ、不服とするトランプ政権の控訴も、連邦高裁で却下されている。

はたしてこの裁判は連邦最高裁まで行くのか。新しい大統領令を準備するかを含め、トランプ政権はどのように巻き返していくのか。当分の間、この問題から目を離せない。しかしながら、ここでは少し日々の報道を離れて、原理原則の問題について考えてみたい。

そもそも日本の読者にすれば、大統領の下した命令に対し、州の司法長官が違憲と訴え、裁判に持ち込まれるということ自体が不思議な光景であろう。日本に置き換えてみれば、国の判断に対し、県が違憲訴訟を起こすようなものである。さらには、裁判所が即座に判断を下し、結果として国の法令の効力が一時停止されるというスピード感も、司法が国に対してなかなか積極的に判断を下さない日本と比べ新鮮である。

トランプ大統領自身、このことに対し、「ばかげている」と怒りを隠さない。実際、彼を支持する世論も少なくない。とはいえ、ここには米国独自の連邦制と三権分立に対する無知と誤解がある。

米国においては連邦よりも州の方が、歴史が古い。州はその主権を保持しており、連邦憲法に認められた権限だけを連邦に委ねているにすぎない。連邦がやりすぎたと思えば、州は違憲訴訟を起こすことを躊躇《ちゅうちょ》しないのである。

さらには厳格な三権分立である。日本では学校の教科書で学ぶばかりで、なかなかリアリティーを感じられないこの仕組みが、米国では存在感を発揮する。今回の大統領令の停止についても、合法的に米国に入国する権利を持つ市民の権利を不当に侵害するものとして、法のしかるべき手続きを踏んでいないと判断された。

背景にあるのは立憲主義の思想である。仮に民主的なものであれ、権力が下した判断が個人の人権を不当に侵害することは許されない。いっときの世論の判断と、憲法によって保障された権利がぶつかった場合、その対策を示すのが立憲主義の精髄《せいずい》である。

裁判所に基づく大統領令の一時停止は、立憲主義と民主主義の衝突を意味する。いわば立憲主義が一つのストッパーになって、民主主義の暴走を防ぐのである。もちろん、司法権は絶対ではないし、権力の側からの巻き返しもあるだろう。しかし、少なくとも、司法権の判断によって時間を稼ぎ、その間に立憲主義と民主主義のすりあわせを行うことが可能になる。

一定の民意の支持を得たトランプ政権の暴走が今後も続くとすれば、ますます立憲主義の持つ意味は大きい。三権分立の意味をあらためて考えてみる必要があるだろう。

2017. 02. 26

ソンタクという妖怪

日本政治の中枢に一つの妖怪が徘徊《はいかい》している。その名はソンタクである。この妖怪が現れると、人々は不機嫌な沈黙状態に陥る。何を聞かれても、関係者は「申し上げることはない」、「規則通りやっている」と繰り返すばかりである。とはいえ、誰がどう見ても、何か話すべきことはあるだろうし、規則通りに物事が動いているとは思えない。誰もがおかしいと思いながら、何ごともなかったように時間だけが過ぎていく。

ソンタクと比べるならば、ケンリョクノオウボウという名の怪獣は乱暴だが、ある意味でわかりやすい。その怪獣の名前を声に出して、戦っていくしか道はないからだ。これに対しソンタクの場合は、独特な無気力が支配する。人々は低い声でボソボソとしゃべりながら、誰に明確に命令されなくても、自分に「期待されている」はずの役割を粛々《しゅくしゅく》と果たすのである。

しかし、ソンタクによってもっとも損なわれるものがあるとしたら、それは政治そのものであろう。政治においては、さまざまな利害がうごめく。とはいえ、だからと言って、腕力《わんりょく》のある者の意見ばかりが通るわけでもないし、あらゆることが馴れ合いで決まっていくわけでもない。すべての利害関係者が自分の主張をし、相互に説得を試みて、妥協できるところは妥協し、できないところは場合によっては問題を先送りする。

肝心なのは、政治は議論を通じて行われるということだ。それも密室において、特定の関係者だけで議論をするのではなく、あくまで衆人環視《かんし》の下で物事を決めるのが政治の本質である。人々は言葉を尽くして自らの主張の正当性を主張し、その代わりに、他人の主張にもきちんと耳を傾けることがその第一歩となる。

ソンタクに取りつかれた政治はその逆だ。多くの人には物事がどこで、どのように決定されるかわからない。それでも「そのようなものなのだろう」という諦めの思いとともに、人々は自分の思いをのみ込む。結果として、政治の舞台からは真剣な主張や説得の試みが見られなくなり、聞こえるのはただ騒がしい騒音や、あるいは真剣にものを言おうとする人間に対する冷笑ばかりとなる。

今回の森友問題がどのような決着を見るかわからない。とはいえ、問題を通じて得られるものは少ないのではないか。普通、どれだけばかげた事件であれ、人々に何らかの教訓を与えてくれるはずである。しかしながら、今回の問題を通じて明らかになったのは、日本政治の中枢にいかに怪しげな人物が集まるかということと、妖怪ソンタクがどれほど日本政治において力を持っているかということくらいである。

世界が不安定化し、とりわけ極東の状況は緊迫の度を増している。欧州では重要な選挙が今後も続く。このような状況で、日本の国の指針を間違えば、取り返しのつかない事態となる。にもかかわらず、日本政治を妖怪ソンタクが支配しているのは異常である。

「どうしようもない」、「他に選択肢がない」という言葉は、ソンタクにとって何よりの好物である。この言葉を安易に口にする時、妖怪が忍び寄ることを忘れてはならない。これ以上妖怪を跋扈《ばっこ》させないためにも、この二つの言葉は歯を食いしばってでも口にすべきではないと思うが、どうだろうか。

ポピュリズムの実相

この稿が掲載されるのは、仏大統領選の決選投票の日である。その結果がどうなるか、今の段階では確かなことを言いにくい。世論調査はマクロン候補の優勢を伝えているが、米大統領選でトランプ候補への票を読み切れなかったことを思うと、選挙予測に絶対はない。とくに既成政党の力が弱まり、人々の不満の声を「代弁」するポピュリズム政治家の活躍が目立つ今日、なおさらである。

ポピュリズムという言葉をいきなり使ったが、この言葉が何を意味するかは、あらためて考え直す必要があるだろう。しばしばこの言葉は、大衆人気に頼り、迎合する政治家やその運動を指すものとして使われる。政治家や官僚など、それまで政治を動かしてきた人々への不信が募る時代にあって、既成のエリートを批判して人々の拍手喝采を得ようとすることをポピュリズムという場合も多い。

実を言えば研究者の間においても、この言葉の用いられ方には違いがある。人々の不満をあおり、扇動する政治リーダーの政治手法や政治戦略を指す場合もあるし、むしろ人々の下からの政治運動としての側面を強調する場合もある。この言葉を用いるにあたり、今こそ注意深くあるべきだろう。

ここで参考にしたい二つの近刊がある。いずれも最新の学問的知見を反映した、優れた概説書である。ところが興味深いことに、両著の与える印象はかなり違っている。共通する部分がないわけではないが、読後感は明らかに異なる。この違いを考えることは、現代のポピュリズムを考える上で示唆的であろう。

水島治郎『ポピュリズムとは何か』(中公新書)は、ヨーロッパと米国という二つの文脈においてポピュリズムを検討している。現代ヨーロッパに広がるポピュリズムについて、水島氏は警戒的である。彼らは一見、自由民主主義を擁護しているが、実質的には移民や外国人を排斥している。対するに二十世紀の中南米で発展したポピュリズムについては、貧困者の救済や解放を目指す側面があったことを重視している。

ヤン＝ヴェルナー・ミュラー『ポピュリズムとは何か』(岩波書店)は、ポピュリズムの危険性をより強調している。ポピュリストは自分たちだけが人民を代表すると称して批判を許さない。「多元主義」の否定こそがポピュリズムの本質で、民主主義を補完するものでもない。ポピュリストとの対話は必要だが、あくまで危険な対象であるとミュラー氏は断じる。

水島氏がポピュリズムを警戒しつつも、それが民主主義と不可分であるがゆえに、既成政党に改革を促す起爆剤になりうるとするのに対し、ミュラー氏はあくまで民主主義に対する脅威として批判の手を緩《ゆる》めない。ヨーロッパ政治史を研究する水島氏が中南米におけるポピュリズムの解放の側面も評するのに対し、ドイツ出身のミュラー氏がポピュリズムに対してにべもないのが興味深い。

両著とも、ポピュリズムが民主主義と完全に異質ではなく、民主主義のある一面だけが極度に肥大化していると理解する点は一致している。とはいえ現代民主主義がポピュリズムを制御し切れるか、という点について、二人の著者は大きく見解を異にする。まったく同じタイトルでありながら、緊張をはらむ両書を読み比べてこそ、現代ポピュリズムの実相がわかるだろう。

「踏みとどまり」の実験

二〇一六年、欧州連合（ＥＵ）離脱を決めた英国の国民投票と、トランプ氏が勝利した米大統領選は、世界に大きな衝撃を与えた。一七年もまた選挙の年である。ここまでオランダの総選挙やフランスの大統領選、韓国の大統領選、そして六月八日には英国総選挙が行われた。さらにフランス国民議会選挙が続く。今後はドイツの連邦議会選挙も控えている。欧州を中心に、昨年の大変動をどう受け止めるかが問われている年だ。

英国総選挙は、事前にはメイ首相率いる保守党の圧勝が予測されていたが、結果は過半数を取れなかった。労働党がコービン党首の下、息を吹き返した。ブレグジットの行方は予測しがたい。

興味深いのは、保守党と労働党という英国の二大政党がなんとか持ちこたえているように見えることだ。ここ数年、英国独立党やスコットランド民族党の台頭もあり、二大政党の時代は終わりを迎えたと論じる向きもあった。にもかかわらず英国の国運を決める決定的な時期に、二大政党の求心力が増していることは重要である。

これに対し、フランス国民議会選挙では、大統領選に勝利したマクロン氏の新党が優勢な情勢である。既成政党を離脱し「右でもなく左でもない」とあえて標榜《ひょうぼう》するマクロン大統領であるが、意外なことに多くの新人を擁立した彼の政党「共和国前進」が支持を集めている。逆に、前大統領・オランド氏の与党だった社会党は厳しい状況に追い込まれている。

一見すると、既成政党が復活しつつある英国と、新党が躍進するフランスは対極のように見える。しかしながら、フランスの場合、ルペン氏を擁する極右の国民戦線の躍進がある以上、マクロン新党の優勢は、これに対する中道勢力の復調とも言える。実際、新党には二大政党である社会党や共和党からの参加者も多く、ある意味で、これまでの左右の分極化に歯止めをかけたと評価できる。

ドイツでも、メルケル首相の与党キリスト教民主同盟（CDU）とキリスト教社会同盟（CSU）が、社会民主党（SPD）と競い合う二大政党中心の選挙戦となっている。反移民を訴える「ドイツのための選択肢」（ＡｆＤ）は伸び悩み、極右が政権を奪取するという予測は今のところ少ない。

このことの背景にはやはり、トランプ米大統領の出現があるだろう。ＥＵを巡る混乱と移民問題は、欧州各国に巨大な不満を生み出している。にもかかわらず、トランプ大統領への懸念は、欧州各国に「踏みとどまらないといけない」という覚悟をもたらしているのではないか。内政上の不満を対外的危機感が抑え込んでいる状況と言える。

現代世界において、各国のナショナリズムを抑制する理念や仕組みは、弱体化するばかりである。とはいえ、「～ファースト」に見られる自国中心主義が横行するばかりでは、世界は不安定化を免れない。なんとか国際的な協調の枠組みを維持しつつ、各国で持続可能な民主主義のモデルを模索するしかあるまい。その意味で一七年の一連の選挙は、欧州の「踏みとどまり」の実験にほかならない。

さて、日本はどうか。論争の中身を見ると、いささか水準の低さにむなしさを感じる。世界の曲がり角で、日本は相変わらず内向きの夢を見続けるのだろうか。

「政治の言葉」の回復

東京都議会議員選挙の余熱がまだ冷めやらない今日、ある種の居心地の悪さを感じているのは筆者だけではあるまい。

なるほど「共謀罪」を巡る与党の強引な議会運営、森友・加計問題を巡る疑惑の数々、そして閣僚や議員による失言の連続に対し、都民の厳しい判断が下されたことは一つの前進であろう。都議が大幅に入れ替わり新たな風が吹き込んだことにも一定の意義がある。しかしながら新たな都政与党となった都民ファーストの会の基本政策を含め、不透明な部分が多すぎて、今後の見通しは立ちにくい。

そもそも、都議選を通じて、何が語られたのか。築地市場の豊洲移転問題について、納得のいく議論は交わされたのであろうか。東京で五輪を開催する意義について、都民間の合意は形成されたのであろうか。都市部における少子高齢化や貧困の問題について、改善策が検討されたのか。都議選に、そのような実質的な議論を期待しても、しょせんは無意味だという諦念《ていねん》がどうしてもわいてくる。

もちろん、都議選とは単なる一地方議会選挙ではない。千三百万人を超す人口を有する首都の選挙であり、日本全体にも大きな影響を及ぼす重要イベントである。一九八九年の都議選では社会党の土井たか子ブームが起こり、後の政治改革へとつながるうねりを生み出した。二〇〇九年の都議選もまた、続く民主党の政権獲得への先駆けとして記憶されている。人口が多く浮動票の多い都議選の結果は、国政に対する大きな動きの跳躍台となりうる。

それでは今回の都議選はいかなる動きの跳躍台となるのだろうか。筆者としては期待を込めて、政治における言葉の意義回復への一里塚《いちりづか》となることを願いたい。今回の都議選で、有権者の不満を募らせた最たる要因は、安倍政権の「言葉の貧しさ」であった。

森友・加計問題でもはや戯画のレベルにまで達したのが、菅義偉官房長官の「問題ない」「仮定の問いには答えられない」「指摘はあたらない」の繰り返しであった。なるほど、政治の場において、どうしてもその時点では答えようがないこともある。断言的な口調で、とりあえず追及を避けざるをえないこともあるだろう。とはいえ、この言葉が常套句《じょうとうく》になったとき、言論の府である国会はその生命を失う。

「印象操作」という言葉を、決めぜりふのように繰り返す安倍晋三首相にも問題がある。言葉によって相互に攻め合うのが政治の本質である以上、相手の議論に根拠がない時、きちんと反論できなければ自分の印象が悪くなってもやむをえない。「印象操作」とさえ言えば、反論になると考えるのは、あまりに独善的であろう。

言質《げんち》を取られるまいと、ともかく答えを回避するか、さもなければ一言《いちごん》の下に切り捨てる。このようにして国政の中枢において奇妙な「言葉の貧しさ」が居座る一方、政治であれ、芸能であれ、会員制交流サイト（ＳＮＳ）であれ、とかく「言ったもの勝ち」とばかりの炎上商法も目立つ。これでは言葉の信頼は失われるばかりだ。

そろそろ実《み》のある言葉、中身のある論争が聞きたい。そのような有権者の欲求が、かつてないほど高まったのが今回の都議選ではなかったか。残念ながら、まだ欲求は満たされていない。

政治のプリンシプル

先日、「民進党は賞味期限切れなのか」という質問を受け、一瞬とまどったことがある。野田聖子総務相の「民進党はある程度役目を終えたのではないか」という発言を受けてのものだが、そもそも政党に「賞味期限」なるものがあるのだろうか。しっくりこないものを感じたことを覚えている。

たしかに、東京都議選の結果を見る限り、民進党がいまや党の存続の危機にあることは間違いない。今回の代表選を実り多いものにしない限り、一人また一人と離党者が相次ぎ、流れ解散という事態さえありうる。その意味で、誰を次の代表とするかというだけでなく、この党の拠って立つ原理は何なのか、この際にしっかり再確認してほしいと思う。

が、問題は「賞味期限」という言葉である。このような言葉遣いの背後には、どうせ政党など旬の時期だけのものであり、それを過ぎれば使い捨てにして構わないという発想が潜んでいるのではないか。そうだとしたら、いま一度、政党の意味を考えてみる必要があるように思う。

先ほど、「党の拠って立つ原理」という言葉を使った。英文学者で洒脱《しゃだつ》な随筆を書いた深瀬基寛《もとひろ》はかつて「政治と腹いた」という文章の中で英語のプリンシプルという言葉について論じている。この言葉には原理だけでなく、主義と節操という意味があるという深瀬は、その上でこの三つが不可分に結びついていたことが英国政治の強みだったという。

なるほど深瀬のいうように、およそ政治における「主義」とは抽象的なものではないだろう。それは一人ひとりの人生の「原理」に立脚するもので、だからこそ「政治家の節操」につながる。この三つが密接に結びつき、一国の政治社会の「コモンセンス（常識・共通感覚）」となって初めて、政党政治も機能するという言葉には重みがある。

深瀬はさらに、政党政治にはユーモアが欠かせないという。政治家同士が激しく論戦を繰り広げながら、ただ相手を罵倒するだけではなく、聴く人をくすりと笑わせる余裕のようなものが欲しいというわけである。

実際、英国の政党政治の全盛時代を代表するグラッドストンとディズレーリは、自由党と保守党という二大政党の指導者であると同時に、小説や文学研究を残した「言葉」のプロでもあった。言葉を尽くして相互を批判しながら、そこにどこか余裕があるとき、ユーモアの感覚も生じるのだろう。

話を戻せば、主義と原理と節操が結びついているからこそ、政権と対立して野党になっても崩壊を免れると深瀬は指摘する。対立はむしろ前進と創造にもつながるという。いささか昨今の政治状況（日本だけではないが）を見ていると、高尚すぎる議論とも言えるが、簡単に離合集散を繰り返す政治家たちを見ていると、少しは「主義と原理と節操の一体性」という言葉を投げかけてみたくもなる。

政党の看板をかけ替えることばかりが政治の革新につながるわけではない。むしろ党の過去の失敗や挫折も踏まえた上で、「党の拠って立つ原理」を再確認し、その上で新たなる展開や可能性を模索することが活気ある政党政治につながる。政党を「賞味期限」として使い捨てにする発想から、そろそろ卒業してもよい頃と思うがどうだろうか。

衆院解散の「副作用」

突如、解散風が吹いてきた。「仕事人内閣」を標榜して内閣改造を行った安倍晋三首相であるが、とりあえず「仕事」は置いておいて「解散」へと気がむいたらしい。「大義名分なき」解散との批判も多いが「解散は首相の専権事項であり、勝てる時に解散して何が悪い」ということなのであろう。いったん風が吹き始めると、動きが止まらなくなるのが議員心理である。おそらく、このまま解散になる可能性が高い。

もちろん首相の解散権について憲法上の疑義があることは言うまでもない。六九条の内閣不信任決議案可決または信任決議案の否決による解散を別とすれば、首相に解散権を与える明示的な規定は憲法に存在しない。七条の天皇の国事行為に「衆議院の解散」があることを、天皇の国事行為は「内閣の助言と承認」に基づくという規定と結びつけ、かなり無理筋な理屈によって歴代内閣は、首相の解散権を正当化してきた

（その場合も、首相ではなく内閣の「専権事項」である）。はたして首相による一方的な解散権の行使を認めてよいか、なお議論が必要だ。

仮に首相の解散権を認めるとしても、政権に有利な時を選んで行う、純粋に「党利党略」による解散が批判されることは言うまでもない。特に北朝鮮情勢が緊迫するなか、国民の安全を図ることを最優先すべき時に、多くの時間と労力を選挙戦に費やすことには大きな疑問を感じざるをえない。このような時期に解散を行った安倍首相による判断それ自体が、選挙戦の争点の一つになるであろう。

今回の選挙は、ある意味で「首相の、首相による、首相のための」解散と言える。世界的な趨勢を見る限り、議院内閣制の祖国である英国を含め、首相による解散権に一定の制約を課す傾向が強い。今後、首相による解散権行使の条件について、あらためて考えていく必要がある。

しかしながら歴史の女神《めがみ》は時として浮気である。「勝てる時に解散した」つもりの首相の意図が、実現するかはわからない。思いがけない結果をもたらす可能性も十分にある。少なくとも以下の「副作用」はありうるのではないか。

まずは、このことが野党の側に、ある種の覚悟を促すことだ。今回、前原誠司新代表の下で再出発した民進党は、幹事長人事を巡る混乱と、細野豪志議員をはじめとする離党議員の続出にあえいでいる。しかしながら、選挙が差し迫るなか、あらためて民進党の議員は自らの属すべき政党についての決意を迫られる。結果として、民進党は身を切ることで政党としての一体性を再確認するのではないか。

同時に検討されている新党構想についても、一定の見通しが得られるであろう。結成される新党が、いかなる原理原則を持ちうるのか、与党補完勢力なのか、あるいは第三極かを含め、疑問は尽きない。これらの点について、早い時期に結論が得られることは、悪いことではない。

野党連携についても議論が進むだろう。野党による連携の欠如が、これまで与党を利《り》してきたことは明らかだ。今回の解散劇は、共産党との連携を含めての野党の選挙協力を、あるいは当事者の思いを超えて加速させる可能性がある。

「首相の、首相による、首相のための」解散がいかなる結果をもたらすか、「副作用」を含めて見守りたい。

「若者の保守化」に思う

今回の衆院選で興味深かったのは、若者の自民党支持率が高いという点である。共同通信の世論調査を見ても、二十代の自民党支持率は四〇%を超え、他の世代、とくに自民党支持率が三〇%台前半にとどまる四十代〜六十代と明確な対照をなしている。新たに選挙権を得た十八歳や十九歳の有権者においても自民党支持の割合は高く、「若者の保守化」を指摘する論者も少なくない。

実際、筆者が多様な大学生と接していても、選挙での判断基準を「安定」「継続性」「現状維持」「今のままでいい」とする声が目立つ。もちろんリベラル派を支持する学生もいるが、全体としては少数派である。やはり現政権の継続を支持する若者が多い傾向は否定しがたい。

背景としては、安倍政権発足以降、就職内定率の上昇など若者の雇用環境が改善していること、子どもの頃から「民主党政権の失敗」を聞かされ、政権交代に否定的なイメージを持っていることなどが指摘される。中国の大国化や北朝鮮のミサイル問題もあって、アジアの近隣諸国に対し「強い」姿勢を示す安倍首相への支持が高まっているという意見もある。

しかし、このような若者の傾向を、単に「若者の保守化」として総括すべきなのだろうか。もう少し慎重であるべきだと思われる。実際、ＮＰＯの活動や「ソーシャルビジネス（社会的起業）」をはじめ、社会的な活動に興味を持ち、参加へのフットワークが軽い人が多いのもこの世代である。「社会を変える」ことに無関心とは言えない若者たちを「保守化」の一言で片づけてよいとは思わない。

注目すべきは政治への距離感ではないだろうか。筆者が大学や高校などで話をするとき「政治に関心がある」と明言する若者は多くない。にもかかわらず、環境問題、労働問題、財政問題、社会保障問題など、どの論点をとってみても若者の関心は高く、反応もいい。そこで、「これらの問題を社会の力で変えていくことが政治だ」というと、ちょっとだけ安心したような顔をする。どうも彼ら、彼女らにとって、政治とは、永田町で展開される、自分とは遠い世界の話に聞こえるようなのだ。

政治と「社会を変える」ことを結びつけてイメージできないのは、若者の責任なのだろうか。そうではないだろう。社会の諸問題に関心があり、可能ならその解決に携わりたいと思う若者に「そのためにこそ政治がある」と言い切れない政党や、年長世代にこそ責任があるのかもしれない。

学業や就職活動など、とかく目の前の自分の諸問題に追われる若者たちではあるが、彼ら、彼女らもその先を見ていないわけではない。ただ、今のままの政治のあり方の下では、自分と社会の未来図を重ね合わせて考えることは難しいようだ。見えない将来に向けて、若者たちは何とか生きていくことに精いっぱいである。社会の不安定化は何としても避けたい。その意味では、社会は「ともかく今のままでいい」というのは、ある種の実感なのだろう。

もちろん、このままでいいはずがない。選挙が終わったからといって、日々の暮らしの諸問題を社会で解決していくという意味での政治は終わらない。むしろ、そのような意味での政治を何としても活発にしていくことがこれからの課題だろう。

「半熟卵」の日本政治

二〇一七年もいよいよ最後の月である。この一年を振り返り、日本政治にとっての意味を考えてみたい。一六年、世界を揺さぶったのは、国民投票による英国の欧州連合離脱（ブレグジット）と、米国におけるトランプ現象であった。これらはいずれも、グローバル経済によってダメージを受けた人々による異議申し立てであり、既成政治のあり方を揺さぶるポピュリズムの動きであるとされた。そうだとすれば、一七年の課題は、あらためて政党政治を立て直し、民主政治を安定化させることにあったといえる。

そのような見地に立つとき、一七年の日本政治において、進展は見られたのだろうか。正直なところ、高い評価を与えることは難しい。

今年の日本政治を振り返るとき、七月の東京都議会選挙と、十月の衆議院選挙に触れないわけにはいかないだろう。そして小池百合子東京都知事率いる都民ファーストの会が躍進した都議選と、勢いに乗った小池知事が希望の党を立ち上げたものの、むしろ野党の分裂と与党の圧勝をもたらした衆院選の対比が、いやでも思い起こされる。ある意味で小池劇場に振り回された一年であり、その結果は、国民の政治に対する熱のさらなる低下であったといえる。既成政治のあり方に対する不満は募るものの、結局、その行き先は見えてこない。いろいろ新たな動きはあったものの、それらが何に異議申し立てをしたのかさえわからないのが現状である。

一七年の日本政治の混迷の背景にあったのは、東アジア情勢の変化である。二月のマレーシアにおける北朝鮮の金正男《キムジョンナム》氏暗殺事件は、その暗い予兆を告げるものであった。金正恩《キムジョンウン》体制下の北朝鮮はミサイル発射を繰り返し、トランプ政権の米国と一触即発の状態に陥った。韓国では朴槿恵《パククネ》大統領が罷免《ひめん》され、文在寅《ムンジェイン》大統領が就任したが、強権支配を強める習近平《しゅうきんぺい》政権の中国ともども、東アジア安全保障の不確定要因となっている。

このような東アジア情勢を見るとき、日本の国内政治については、ともかくも現状維持を望む国民世論が強まったとしても無理はない。麻生太郎副総理兼財務相による

「（衆院選における自民党の勝利は）北朝鮮のおかげ」という発言が飛び出したのも、与党の勝利が自らの政策の充実によるものではないという自覚の表れともいえる。

ある意味で、内部的な流動性を、対外的緊張によって何とか抑え込んだというのが、一七年の日本政治ということができる。そして、ある意味で「半熟卵」にも例えられるべき日本政治において、森友・加計問題がいつまでたっても腐敗臭のように漂い続けていることが、何とも言えない不快感の原因となっている。

とはいえ、東アジアの国際情勢が急激に改善されることが期待できない以上、卵の中身である国内政治を腐敗させたり、まして中身を外に流出させたりする事態は何としても防がなければならない。国内政治における不満が排外主義に火をつけ、対外的な冒険主義のきっかけになる可能性はつねに潜在している。

政党政治の立て直しと民主政治の安定化という宿題は、来年に持ち越しになりそうである。残念な締めくくりだが、致し方ない。

III

二〇一八年——「予兆」

2018 : Indications

滑稽なネズミ

大山鳴動《たいざんめいどう》してネズミ一匹というところか。民進党と希望の党の統一会派を巡る合意は、民進党内で反対が相次いだことから白紙に戻ったという。そもそも国民不在の、国会議員のみによる数合わせである。大山鳴動という言葉すら過大評価なのかもしれない。

このことわざは事前の期待が大きかった割に、その結果が小さかったことを意味する。ラテン語のことわざに起源があり、字義通りには「山々が産気《さんけ》づき、滑稽なネズミが生まれる」を意味する。統一会派を目指しながら、結果的には党内の亀裂をより深刻化させてしまった両党の執行部は、まさに「滑稽なネズミ」だったのかもしれない。

しかしながら、今回の騒動がまったく無意味であったとは思えない。重要なのは

「民進党の終わり」を、あらためて確認したことである。

民進党は、昨年の衆院選の際に希望の党への合流を決め、自らの候補を擁立しなかった。結果的には希望の党にも、そこから排除された立憲民主党にも加わらなかった衆院議員の集まりである「無所属の会」と、取り残された参院議員が集まったのが現在の民進党である。主要選挙に候補を擁立しない政党は、もはや政党とは言えないであろう。

その意味では、今回の統一会派の構想は、あたかも民進党がいまだに存在し、分かれてしまった諸勢力を再結集すれば元に戻れる、という幻想によるものであった。しかし、もはや現在の民進党は実体のない亡霊のような存在にすぎない。そのような亡霊が野党再結集の中核となるのは不可能であった。

「民進党の終わり」というのは、より大きな意味もある。民進党は、民主党時代を含め、国会内における非自民の最大政党を追求する政党であった。今回、実体もないまま統一会派をつくり、野党第一党を目指したのはその戯画化であったと言えるが、この政党のＤＮＡには、数合わせを自己目的化する傾向がある。

もちろん政党である以上、政権を目指して勢力拡大を目指すことは当然である。また、衆院選の小選挙区、参院選の一人区を考えれば、野党勢力が分裂することは不利であり、ともかく連合していく必要があることも否定しない。

しかしながら政党が一つの政党であり続けるには、党内で血の出るような議論を重ねることが不可欠である。最終的にすべてが一致するとは言えないまでも、政党としてのアイデンティティーとなる価値観を再確認し続けない限り、集合体は空疎化する。より強い言葉を使えば「烏合《うごう》の衆」となる。

民進党の歴史とは、政権交代可能な野党勢力の結集を掲げつつ、結局のところ、その中身を充実させることに失敗し、結果として数合わせのみを追求する勢力へと堕落してしまった過程にほかならないのではないか。

そうだとすれば、今回の騒動で無残なまでに民進党の終わりが明らかになったことは、無意味ではないだろう。ただし、問題を両党の執行部など、特定の人物に押しつけるのは酷《こく》かもしれない。終わったのは民進党というプロジェクトであった。すべての登場人物は、悲喜劇の「滑稽なネズミ」にすぎない。

日本政治は次の段階に入った。政治に緊張感を取り戻し、充実した議論を取り戻すために、政党をどう立て直すかをあらためて講じなければならない。

マクロンの徴兵制

気になるニュースに接した。フランスにおける徴兵制の復活である。昨年の大統領選に彗星《すいせい》のように現れ、当選したマクロン大統領が、軍の幹部を前にした年頭の演説で表明したという。十八歳から二十一歳までの男女に一カ月の兵役を課すというこの構想を、どのように理解すればいいのだろうか。

一方で左右二大政党の候補者、他方で極右国民戦線のマリーヌ・ルペン候補を破って当選したマクロン氏は、新欧州の姿勢を貫く「リベラル」で進歩的な政治家としてイメージされることが多い。それだけに日本の文脈からすると、徴兵制の復活という提案はどうしても意外なものとして受け取られるだろう。

理由としてあげられているのが、テロ対策である。とはいえ、この理由づけについては、首をかしげる意見も少なくない。テロ対策になぜ軍隊なのかという点は別にしても、一カ月という期間はいかにも短い。訓練を施すとしても、それが少し身についたころには除隊となる。実際のテロ対策の役に立つかは疑問が残るだろう（同じく失業対策という説もあるが、一カ月ではやはり焼け石に水である）。

そもそも、冷戦の終了後、欧州の国々では国民を大量に軍に投入する時代は終わりを告げ、むしろ機動的に展開できるプロ中心の軍の近代化が目指されてきた。フランスで二〇〇一年に徴兵制が廃止されたのも、それが理由である。今回の徴兵制の復活はそのような流れを逆転させるものであり、むしろ徴兵制導入による経費の増大は、国防予算を圧迫するという意見さえ軍の側から出ている。

こうしてみると、マクロン氏による徴兵制の復活には、別の理由もあるはずだ。そもそもマクロン氏は、徴兵制の復活を大統領選の公約で示している。その理由は、テロや治安問題の重要性に若者の目を向けさせることにあった。そうだとすれば、今回の徴兵制復活は、ある種の「政治教育」という側面を持っているのだろう。

革命の結果として徴兵制を導入したフランスである。貴族やプロの軍人ではなく、一般の国民が武器を取り自分の国を守るという論理は必ずしも不自然ではない。実際、徴兵制の下では金持ちや有力者の子弟も兵士となる。志願制よりも、ある意味では平等なのであろう。しかも今回は、男女が等しく徴兵されるという意味でも平等である。

その意味では、今回の徴兵制の復活は、フランス的な文脈では「ありうる」話なのだろう。マクロン氏としても、テロ対策としての有効性より、若者への「政治教育」と国民の団結を目指すために、言い出した可能性が強い。

とはいえ、徴兵制の復活にはやはり危惧が残る。若者の政治的・社会的意識を涵養《かんよう》するために軍隊への奉仕を求めるのは、やはり時代錯誤なのではないか。もちろん、今回マクロン氏は良心的兵役拒否も認めているが、副作用の強すぎる「政治教育」と言わざるをえない。テロ対策として徴兵制を言い出す時点で、逆にこの問題への対策の行き詰まりを暗示している。

テロ対策はテロ対策として示すべきである。徴兵制の復活による社会の軍隊化の危険性を思うとき、才気に満ちたこの若き大統領の危うさを思わざるをえない。このフランスの「危うい」実験の行方を、日本からも見守る必要があるだろう。

進む政治の「ガラパゴス化」

森友文書改ざん問題について、政府・与党は佐川宣寿《のぶひさ》前国税庁長官の証人喚問によって「幕引き」に入ろうとしている。官邸前ではなお、安倍晋三首相の責任を追及する抗議活動が続くが、真相究明は遠のくばかりである。北朝鮮情勢が急速に変化する中、この問題にこれ以上、時間を取られるのは望ましくないとの意見もあるが、果たしてそれでいいのか。筆者には「日本政治のガラパゴス化」が進むばかりに思えてならない。

世界の政治で静かに進行する変化が三つあると思う。

第一は「政府の情報公開」である。一国レベルでみれば、確かに情報の締めつけが進んでいる国もある。しかしながら、世界全体でみれば、間違いなく自由な情報の流通は加速化している。そのような状況を前提に、情報をむしろ積極的に市民に開示し、

NPOなどによって活用してもらうことで、政治の効率性や柔軟なイノベーションを実現している国も多い。今や「電子政府」として名高いエストニアがそのいい例であろう。

そのような状況で日本の森友問題はいかなる意味をもつのか。佐川氏は「文書は存在しない」「破棄した」と繰り返し、喚問でも「刑事訴追の恐れがあるので」を呪文のように唱えて答弁を拒絶した。野党の追及を巧みにかわしたとの評もあるが、世界の潮流を考えると、日本政府は一切、情報公開にやる気がないと世界に宣言したに等しい。文書を保存し、公開することは現代国家の第一要件である。

第二は「機動的な政府」である。今日求められているのは、大きな政府でもなければ小さな政府でもない。政府は自らの果たすべき役割を明確に再定義し、時々刻々と変化する状況に機動的に対応する必要がある。政府はいたずらに民間を規制するのではなく、むしろその知見を社会に提供し、多様な主体が活躍する制度づくりに専念すべきだ。その前提にあるのは専門的能力と高い責任感を持った公務員である。

このような「機動的な政府」に向けて、森友問題はどのような影響を及ぼすだろうか。何よりも懸念されるのは、公務員に対する信頼と公務員自身の士気《しき》の低下であろう。国会でのやりとりで最も注目されたのは、太田充《みつる》理財局長の「それはいくら何でもご容赦ください」という答弁であった。与党議員の心ない質問に対し、吐き出すように答えた様子が印象的であった。あの姿を見て、現役の公務員はもちろん、将来、公務員として活躍したいと思っている若者においても、失望した人が少なくないはずだ。

第三は「少子高齢化への対応」である。先進国のみならず、世界の多くの国々が直面する。「課題先進国」日本はまさにそのフロントランナーであり、残された時間は少ない。日本が国力と英知をかけて取り組むべき課題はこれであり、働き方の改革や子育てを巡る環境改善が喫緊《きっきん》の課題であることは周知の通りだ。

しかしながら、現在の国会を見ても、事態は逆であると言わざるをえない。本来、働き方改革に向けられるべき時間が森友問題に費やされている。これを野党の追及のせいであると主張する人もいるが、むしろ首相の個人的スキャンダルで大切な時間を使わざるをえなくなったこと自体を問題視すべきであろう。

今回の問題は「日本政治のガラパゴス化」を進めるばかりである。一刻も早い根本的解決を願う。

今こそ日本の役割、再確認を

歴史的な朝鮮半島の南北首脳会談の報を受け、この稿をドイツのベルリンで書いている。先日、訪れたチェックポイント・チャーリー（ベルリンが東西に分割されていた時代の検問所跡）にはベルリンの壁博物館があり、中には南北朝鮮のコーナーもあった。両者はともに冷戦による世界の分断の産物であり、不可分に結びついているという問題意識によるのだろう。

世界の分断はいまだ終わっていない。冷戦は決して過去のものとなっていない。分断の歴史はまさに現代史であることを思い起こさせられた瞬間であった。まして日本は南北朝鮮の分断と深く関わっている。その責任もある。あらためて、世界の構造的な環《わ》の一部としての東アジア、そして、そこでの日本の役割について考えねばならない。

分断を乗り越える動きは歓迎すべきものである。とはいえ、だからと言って、これで分断が終わったわけでもないし、状況がすべて好転するわけでもない。今回の会談についても、セレモニーとしての側面が強く、実質的な成果については乏しいとする評価もある。金正恩《キムジョンウン》委員長による北朝鮮の体制維持のための方策にすぎないという声も少なくない。核・ミサイル実験の停止について、その履行を慎重に見守る必要があるだろう。

その意味で、朝鮮の南北分断について、ドイツの東西分断の終了を直ちに当てはめて考えることはできない。まして分断を乗り越え、再統一したドイツにおいても、ベルリンの壁崩壊の歓喜はすでに遠い過去である。依然として残る東西の経済格差を含め、克服すべき課題は少なくない。分断の歴史が今日もなお多くの痛みをもたらしている。

にもかかわらず、今回の南北首脳会談はやはり、新たな時代の始まりを象徴している。少なくとも日本にとって、今回の出来事が持つ意味は大きい。何より、日本は事態の変化に積極的に関わるどころか、その推移すら正確に把握できていなかったことを反省すべきである。日本外交のエネルギーは対米関係に集中し、北朝鮮や韓国はもちろん、中国を含めた近隣諸国からの情報収集も十分でなかった。

結果として日本は、南北首脳会談の実現を呆然《ぼうぜん》として眺めるしかなかった。ある意味で、この出来事を消極的に評価する意見が多いのも、衝撃の大きさの裏返しと言えなくもないだろう。今になって「日本外し」を声高《こわだか》に論じ、北朝鮮からの脅威の増大に警告を発する論説も見受けられるが、これは問題を逆さまに見ているとしか言えない。

今回の会談の結果、突如として日本が孤立したわけではない。もともと孤立していたのが、あからさまになったにすぎない。日本が首脳会談の機密に関与できなかったことを憾《うら》むよりは、日本がこれまで東アジアの緊張緩和に貢献できなかったことを反省すべきであろう。北朝鮮による核・ミサイル危機の克服についても、米国に依存する以外に解決策を見いだせなかったこと自体が問題であった。

今こそ日本は世界の中での自らの役割を再確認すべきである。それは東アジアの平和と安定の実現に向けて、自らの主体的な働きかけによって、一歩ずつでも事態の改善をはかっていくことにほかならない。自国のすぐ近くで起きていることを、米国という狭い回路を通してしか見ることも、判断することもできない状況は直ちに終わらせる必要がある。

時代遅れの危機対応

あなたの組織に不祥事が発生したとする。そして、あなたはその対応を迫られる。どうすべきか。

悩むことはない。世の中には危機管理のマニュアルがあふれている。まずは事実の究明が先決である。正確な情報をできる限り収集し、そのような事態が発生してしまった原因と背景を明らかにする。さらには、このまま事態を放置した場合に生じる損害を予想し、それを最低限のものに食い止めるための方策を検討する。スピードが肝心だ。

以上のことが明らかになったら、次はその情報を公にすることだ。自分たちの組織は問題をきちんと把握し、対応策も鋭意検討している。組織としての責任を痛感しており、被害を与えた関係者に速《すみ》やかに誠意を持って対応する。このような内容を広く社会に発信し、理解を得られるように努める。その際は印象が重要なので、服装や言葉遣いに最大限の注意をする。何事もオープンにすることが早道《はやみち》だ。

といったことが、どの本にも書いてある。時代は変わったのだ。スピード、情報の公開、責任ある対応、これらなしには、いかなる組織も生き残るのが難しい。それがガバナンスであり、コンプライアンスであり、リスクマネジメントであり、コーポレート・ソーシャル・レスポンシビリティー（ＣＳＲ）である。

と思っていたのだが、現実はどうもそうではないらしい。何かが起きたら、ともかく追い詰められるまでは知らんぷりをする。こちらから情報を外に出すなんて考えられない。自殺行為である。ともかく何を聞かれても言質《げんち》を取られないよう、意味のあることを話してはならない。組織の関係者にはこのことを周知させ、外に向かって発言すれば、それは組織に対する敵対行為であると脅《おど》しておく。

責任者が公の場に出るのは最後の手段。組織内で責任ある立場から遠い人間を先に出し、あわよくばその人物の責任ということにしてしまう。運悪くそれでは済まない場合、少しずつ上の人間が出てきて、時間をかせぐ。ともかくトップの責任に行き着かないことが肝心だ。「人の噂《うわさ》も七十五日」と言うではないか。小出しの対応をしているうちに、世の中の関心が他に移ることを待っていればいい。

万が一、それでも事態が収拾できず、トップが何かを言う必要が生じたときはどうするか。もちろん、「知らなかった」で押し通すしかない。「知っていたはずだ」「組織内を掌握しているのか」といった挑発に答えてはいけない。「問題なく進んでいたと考えていたが、一部ささいなトラブルがあったようだ。しかし、現状では問題のない状況に復帰している」と言えばいい（本当かはどうでもよい）。

以上をマニュアルAとマニュアルBと呼ぶことにする。マニュアルAは多くの組織で整備されつつある。これに対し、マニュアルBはついこの前まで日本の主流であったが、今や時代遅れになりつつある……はずであった。

ところが、日本ではまだまだマニュアルBが生きているようである。それも巨大で古い組織になればなるほど、その有効性が疑われていないらしい。しかしながら、マニュアルBは、結局は組織への信頼と評価を損ない、さらには組織のメンバーを深く傷つける。組織を守ることにつながらないのだ。このことをあらためて確認すべき段階に、私たちは今いる。

死刑の是非を考える

オウム真理教元代表の麻原彰晃《しょうこう》死刑囚を含む七人の死刑が執行された。同一の事件でこれだけの人数が同時に執行されるのは異例であり、筆者が目にした欧州の新聞には「大逆事件（幸徳事件）以来」との記述もあった。そうだとすれば百年ぶりの出来事である。このことを私たちはどう理解すべきなのか。

死刑制度を廃止し、これを欧州連合（ＥＵ）加盟の条件にまでしているヨーロッパでの反発は大きい。これに対し日本では、死刑制度廃止に対する世論はそれほど大きくないようだ。世論調査を見ても、死刑制度を容認する意見が圧倒的多数を占める。人道上の理由や冤罪《えんざい》の可能性を指摘する死刑廃止論に「ヨーロッパでも多くの処刑者を出してきたではないか」と反発する意見さえ散見される。

しかしながら、このような反発は問題の本質を見失っているのではないか。「欧州は多くの処刑者を出しているのに、死刑制度に反対している」のではない。「多くの処刑者を出してきたからこそ、死刑制度に反対している」という理解が正しいはずだ。

歴史を振り返れば、欧州の歴史において酸鼻《さんび》をきわめる大量虐殺の事例に事欠かない。魔女裁判や宗教裁判を思い浮かべる人もいるだろう。近代になっても権力者の恣《し》意《い》的な判断による死刑が少なくない。フランス革命以来、死刑にギロチンを使用していたフランスで死刑制度が廃止されたのは、一九八一年になってのことにすぎない。

このように考えるべきだろう。多くの処刑者を出してきた欧州では、これを抑制するために、まずは個人間の私刑を否定して、死刑を国家の権限として一本化した。やがて民主化が進むにつれ、個人の権利を守るために作られた国家が、個人を殺す権力を持つのはおかしいとする意見も生まれてくる。私人はもちろん、国家もまた死刑に対する正統な権力を持たないという考えの広がりは、民主主義発展の指標でもあった。

それでは同じ民主主義国家の米国で、なぜ死刑制度が存続しているのか。一つには、歴史的な理由から、死刑の権限を国家に集中するという発想が弱かったことがあげられよう。絶対王政の過去を持たない米国では、むしろ市民間の正当な裁判によって死刑を執行するという発想が強かった。国家に死刑を委ねないという意味では、民主主義的と言えなくもないのである。

日本はどうだろうか。歴史を振り返ってみて、早くから私刑を否定して、国家に死刑の権限を集中してきたという意味では、欧州の歴史に近い。今日なお、市民間の正当な裁判によって死刑を行いたいという意見はほとんど見られないだろう。死刑は国家の権限であるという発想が一般的であるといえる。

その意味で、今あらためて考えるべきなのは、はたして国家は死刑を行う正統な権限を持っているか、という問いである。筆者自身は、民主主義国家において権力が個人を殺す正統な権限を持つとは考えていない。被害者の権利をより重視すべきだとの声があり、それ自体は正しいと判断するが、そのことは国家の死刑への権利を正当化するとは考えない。報復という私刑的発想はまして評価できない。

今回の出来事を機に、国家による死刑の権限の濫用《らんよう》という人類の歴史を振り返り、いま一度、死刑制度の是非について考えるべきではないだろうか。

2018. 07. 15

日独の担うべき役割

今年の八月十五日はドイツで迎えた。くしくも先日、ポツダムを訪問したので、その話から始めたい。

ポツダムといえば、どうしても日本軍の無条件降伏を求めるポツダム宣言を想像する。ドイツの降伏後もなお交戦を続けていた日本が、この宣言を受諾したのは一九四五年八月十四日のことである。ベルリンの郊外、ドイツの皇太子妃の名前を冠したツェツィリエンホフ宮殿に集まったのは、英米ソ三大国の首脳たちであった。

今では穏やかな観光地であるポツダムだが、空爆で壊滅したベルリン中心部を避けてこの地で開かれたこの会議は、思惑を異にする大国間の利害が衝突する外交による戦いの場であった。

ポツダムを占領地とし、会議の主役として振る舞おうとするソ連のスターリン、戦勝国でありながら惨憺《さんたん》たる状況にあった英国のチャーチル、会議中に原爆開発成功の報を受け、戦略的にことを進める米国のトルーマン。本会議場はもちろん、各国の控室でいかなる会話が交わされたのか、いや応なく見学者の想像力がかき立てられる。

ポツダム宣言こそ発せられたものの、公式の議題として日本が取り上げられなかったこともあり、日本についての解説は少ない。戦艦ミズーリ号の上での降伏文書の調印式の写真が、わずかに目につくばかりである。とはいえ、「無条件降伏」という言葉が、各国語による音声解説で流れるとき、日本もまた二十世紀の激動の一端にあったことが思い起こされる。

自国を占領され、大国間で分割統治されたドイツにとって、この地に対する思いには複雑なものがあるであろう。とはいえ、この国の基本的姿勢は、政治的になりがちな過去の問題を、あくまで記録し、記憶することにある。敗戦や占領、国家によるテロ、ユダヤ人迫害……。自らにとって思い出したくない記録や記憶をあえて見つめることで、この国なりのバランスを保っているように思えてならない。

そのドイツの日本への見方が、最近になって変化しているように見える。メルケル首相の海外訪問記録を見れば一目瞭然であるが、ドイツの関心はこれまで圧倒的に中国に向けられてきた。毎年のように中国を訪問しているのと比べると、日本への訪問回数はいかにも少ない。経済的発展に重きを置く、現在のドイツの関心の所在を如実にあらわしているといえる。

ところが、先日、来日したハイコ・マース外相の講演記録を読むと、日本に対する見方に変化が生じていることがわかる。外相はまず、アジアにおける最初の訪問国として日本を選んだことに触れ、不安定化する世界における日本とドイツの役割を強調する。さらに米国第一のトランプ大統領、地政学的バランスを自国に有利に変えようとする中国との間にあって、日独こそが、国際的自由貿易体制を守るルールを担うべきであると主張している。これはかなり思い切った発言であろう。

第二次大戦でともに破滅を経験し、その後、経済復興を成し遂げた両国は、今日、再び接近しつつあるのかもしれない。ただし、かつての日独の接近が世界秩序混乱の原因となったのに対し、現在の日独接近はむしろ自由民主主義を維持するためにこそある。このように訴える独外相の期待に対し、はたして日本は十分に応えうるのであろうか。

「保守本流」の弱体化

象徴的な自民党総裁選であった。国会議員票、地方票のいずれにおいても圧勝を目指した安倍晋三首相陣営の目論見《もくろみ》は、苦い結果に直面することになった。首相支持派からの「圧力」（石破派の斎藤健農相が「辞表を出せ」と言われたとされる問題）にもかかわらず、予想以上の国会議員票が石破茂元幹事長に流れたことが大きいが、それ以上に地方票の結果が目を引いた。

地方票は党員・党友による。あくまで自民党内部の選挙であるが、地方票は国民一般の声により近い。その結果が、首相二百二十四票に対し、石破氏百八十一票であったことは、首相に対する批判が、日本社会にマグマのように潜在していることを示している。首相への支持は五五％をわずかに超えただけであった。一騎《いっき》打ちとなったために、首相への批判票が石破氏に集中した結果であろう。

問題は「批判票」の内実である。今回の総裁選は「地方の反乱」の色彩が濃い。少子高齢化が進むなか、日本の地域社会の未来図をどのように描くかは喫緊の課題であるが、総裁選で首相の側から強いメッセージは発せられなかった。「アベノミクス」の果実を享受できているのは一部の地域に限られるだけに、石破氏に、より地方に寄り添った目線を感じた党員は少なくなかったはずである。

現在の日本の地域社会では、厳しい状況の下、地域の維持を目指したさまざまな努力がなされている。そのような地域の努力を受け止め、支えるのが、自民党の本来の底力であったとすれば、今回の総裁選では、そのような底力の少なからぬ部分が、石破氏に期待したことになる。

「批判票」のなかには、憲法に関するものもあったはずだ。改正を急ぐ首相に対し、より慎重な議論と、野党を含む「国民の合意」を求めた石破氏の主張に共感が集まったといえる。ただし、石破氏は憲法九条改正に対する原理的な反対派ではない。その意味では、憲法についての議論が深まったとは言い難い。

かつて経済企画庁長官を務めた田中秀征《しゅうせい》氏の近著に興味深い指摘がある（『自民党本流と保守本流』講談社）。保守派を自任する田中氏であるが、氏によれば、戦後の保守には二つの流れがあるという。一つは憲法改正を党綱領に掲げる「自民党本流」であり、岸信介元首相から孫の安倍首相へと受け継がれている。これに対し「保守本流」が存在し、現行憲法の尊重と言論の自由を強調し、その源は石橋湛山元首相にあるという。

この田中氏の図式に従えば、「自民党本流」の安倍首相に対し、石破氏が「保守本流」の役割を一定限はたしたのが、今回の自民党総裁選であった。とはいえ、「現行憲法の尊重」を「保守本流」の第一の本質と考える田中氏の目からすれば、石破氏が「保守本流」であるかは微妙である。現行憲法を「保守」することが本来の保守であるとする「保守本流」の弱体化が、現在の自民党の最大の問題点であることは間違いない。

今回、沖縄では自民党総裁選への盛り上がりが乏しかったという。実際、投票率も極めて低かった。沖縄の自民党員にとって、強く支持できる候補がいなかったということであろう。むしろ九月三十日投開票の県知事選に県民の関心は集まっている。沖縄知事選と合わせて考えることで、今回の自民党総裁選の意味もより鮮明になるはずだ。

記者殺害事件の嘆かわしさ

ドイツの哲学者イマヌエル・カントの著作に『永遠平和のために』という著作がある。十八世紀の作品だが、常備軍の撤廃や他国への武力干渉の禁止、さらにはのちの国際連盟・国際連合の創設につながる理念を提唱したことなどで知られている。

というと、何かしら抽象的で空想的な平和論を想像するかもしれない。どうせ昔の、理想主義的で現実を知らない哲学者が考えた夢物語に違いない。現実の国際政治はそんな生易《なまやさ》しいものではない。生々しい力、もっといえば暴力が渦巻くなかで、現実の政治は動いている。永遠平和など、夢の先のまた夢だ、というわけである。

ところが、実際にこの本を読んでみると、なかなか興味深い内容が書いてある。例えばカントは次のように言う。

道徳的に善き人間が望ましいが、現実にはそうでない人もいる。だとすれば、人々を道徳的に改善するよりは、その利己心を利用すればいい。個人と個人、民族と民族の敵対的な心情すら、うまく導けば相互に牽制《けんせい》して、結果的に法と平和を実現する。「悪魔たちであっても、知性さえ備えていれば国家を樹立できる」（中山元訳、光文社古典新訳文庫）

なぜ、このような話をするかといえば、トルコにおけるサウジアラビア人記者の殺害事件についての報道を聞けば聞くほど、ため息しか出てこないからだ。

自国の政府への厳しい批判で知られるカショギ氏がイスタンブールのサウジ総領事館で死亡したという。最初は事故との説明もあったが、次第に証拠が出てきて「計画的殺人」であることが明らかになった。サウジアラビアのムハンマド皇太子の関与も指摘される。結果として同国の評判は大きく低下し、主催する会議への欠席が相次いでいる。

とはいえ、事件が嘆かわしいのはそれだけではない。殺害の証拠が次々と出てくる背景には、事件が起きたトルコのエルドアン大統領の狙いがあるとの説もある。ライバル関係にあるサウジアラビアに対する優位を得るために、今回の事件は絶好の機会であったというわけだ。真相はわからないが、そのエルドアン大統領にしても、国内で自らを批判するジャーナリストを抑圧・投獄してきた。ある意味でどちらもどちらといえる。

米国のトランプ大統領の事件に対する姿勢も微妙だ。「歴史上最悪の隠蔽《いんぺい》だ」と批判する一方で、真相究明に向けて主導的役割を果たすつもりはなさそうだ。重要な同盟国であり、武器輸出先でもあるサウジアラビアの政治体制の不安定化は米国の望むところではない。国際世論の手前、批判はするものの、どうも本気度が疑われる印象が強い。他の欧州諸国の姿勢も米国と大きく違うわけではない。

そこでカントである。なるほど、各国は互いの利己心や敵対心から、衝突したり、牽制したりする。それ自体はまったく道徳的でないが、歴史の妙味《みょうみ》は、このような各国の対立が結果的には相互を規制する法を整備し、長い目で見れば平和の実現につながることにある。肝心なのはそのような仕組みを少しずつであれ、整備していくことだ、とカントはいう。

はたして今回の事件がそのような帰結につながるかわからない。が、理想主義的でありながら、同時に現実主義者の顔を持つカントを信じたくもなるのが、今回の事件のお粗末さであった。

なんとも微妙な結果

なんとも微妙な結果だ。米国では中間選挙が行われ、上院ではトランプ大統領の共和党が多数派を維持し、下院は民主党が制した。上下両院の多数が異なる「ねじれ議会」となり、今後の政権運営の不透明感が増している。本稿執筆の段階で、まだすべての結果が確定していないが、今回の中間選挙の意味について考えておきたい。

トランプ氏は意気軒高《けんこう》である。「今夜は大成功だ。みんなありがとう！」とツイッターに書き込んだ。自らの都合に合わせて平気で事実をねじ曲げる大統領である。彼一流の強気の発言にも見えるが、彼がそう言うのも無理はない部分がある。

確かに下院で共和党は議席を失った。間違いなくトランプ氏には痛手である。しかしながら、上院選では多数派を維持した。事前の予測では「ブルーウエーブ」、すなわち民主党が大幅に躍進し、トランプ氏に明確な「ノー」を突きつけるとの予測もあった。このことを思えば、トランプ氏はよくその青い波を押し戻したという評価もありうるだろう。

さらに、話題を呼んだ州で民主党は勝利を収めることができなかった。歌手のビヨンセさんが民主党候補を支持して話題になったテキサス州上院選では、共和党のクルーズ氏が勝利した。フロリダ州知事選でも、「ミニトランプ」との評もあり、トランプ氏が支援に力を入れたデサンティス氏が当選を確実にした。民主党からは勝利宣言が出ているものの、どこか「期待はずれ」の感覚も残る。

政治学的にいえば、共和党が上院を制したことは、大統領の弾劾を阻止できるという意味で重要である。弾劾の発議権を持つ下院で民主党が多数を握ったことは、弾劾に向けての動きを加速させるが、弾劾の成立には上院の三分の二が必要である。実現は極めて難しい。また次の大統領選に向けて各州知事の影響力が大きいが、共和党が半数を死守している。政治的に見れば今回の選挙はトランプ氏にとって「大成功」ともいえる。

しかしながら、民主党の側に希望がないわけではない。何よりも下院選での躍進が大きい。その理由については今後検討が行われるだろうが、多くの女性候補の健闘が民主党の議席増加をもたらしたことは間違いない。下院では女性候補九十六人が当選を確実にし、過去最多となった。その多くは民主党であり、新顔も多い。今回の選挙では、トランプ氏の女性差別的な発言への抗議や、性被害に声を上げる「#ＭｅＴｏｏ」運動の盛り上がりもあり、多くの女性候補が出馬していた。

エスニックという点からも多様な候補者が勝利した。ミネソタ州で元ソマリア難民のオマル氏、ミシガン州ではパレスチナ移民を両親に持つトレイブ氏が下院議員に選ばれた。二人は初のイスラム教徒の女性連邦議会議員になる。

彼女らの勝利の背景にあるのは若者の投票であるとされる。出口調査によれば、多くの若者が民主党に投票し、下院選での勝利を後押しした。米国においては若者の数が多く、その多くが民主党支持であることは、同党の未来にとって明るい材料であろう。

その意味で言えば、短期的に見れば「米国第一」を掲げるトランプ氏の共和党が政治的に勝利したものの、構造的に見れば多様性に開かれた民主党を支持する力が前進した。そう総括できる米国中間選挙であった。

国民的議論を踏まえて

外国人労働者の受け入れを拡大する入管難民法などの改正案が十一月二十七日に衆院本会議で可決された。参院で審議が続くが、野党を中心に拙速との批判も広がっている。日本社会の今後を大きく左右する重大な案件であるだけに、批判はもっともだろう。

しかしながら、問題は拙速であることにとどまらない。

そもそも「技能実習」や「留学」の名の下に、労働者の受け入れを行っている現状自体が問題である。名目と実態が乖離《かいり》した結果、労働者として必要な保護を受けられず、低賃金で過酷な労働を強いられていることも少なくない。この実態のまま入管法を改正することは、矛盾の上塗りを招きかねない。

現実には日本で働く外国人労働者の数は急増している。厚生労働省のデータによれば、二〇一七年十月の段階で百二十七万八千人余りと、過去最高を記録している。もはや、外国人労働者抜きには日本経済は成り立たないのが現実である。そのような労働者の多くは長期にわたって日本に滞在し、働き続ける方向へと現実は向かいつつある。にもかかわらず、そのための体制作りは遅れたままである。

本質的な問題は、日本社会の未来をどのように描くかである。少子高齢化が進み、急激な労働人口の減少に直面する日本社会にとって、選択肢は決して多くないだろう。一つは外国人労働者を積極的に受け入れる道である。もし、その道を選ぶとすれば、より良い人材に、長期的に安定して働いてもらうための環境を整備する必要がある。今回の改正では、熟練技能とは区別される一定技能の業務に就く「特定技能1号」について、在留期限を通算五年とし、家族の帯同を認めていない。このことには人権の視点からも問題が残る。子どもの教育を含め、より良い受け入れの仕組みを整備すべきである。

そもそも、現在の発想は、窓口さえ開けば、海外から労働者はやってくるという前提に立っている。しかしながら、東アジアの現状をみれば、多くの国が外国人労働者を獲得すべく競い合っているのが現状である。中国もまた人材受け入れ国になっており、今後も日本に安定的に人材が来てくれる保証はない。給与水準でも日本は決して高いとはいえないなかで、受け入れの仕組みが不十分となれば、ますます状況は厳しくなる。

もう一つの選択肢は、外国人労働者の受け入れはあくまで限定的という道である。そうだとすれば、急速に減少する労働人口を前提に、社会のあり方を組み替えていくしかない。現在、日本の消費者は世界でも最も恵まれたサービスを享受している。コンビニの二十四時間営業や飲食店の長時間営業など、さまざまな便益を常に受け取れるという発想を捨てなければならない。

今と同じサービスは享受したいが、外国人労働者の受け入れは反対というのは、ある意味でわがままな要求と言える。縮小する日本社会の現状を踏まえ、それでも存続可能な社会の仕組みを考えるしかない。必要な仕事を残された人間でどのように担っていくか、最大限、知恵を絞らなければならない。

根本的な議論を回避して、拙速な決定を行えば、問題はこじれていく一方である。すでに多くの労働を外国人に委ねざるを得なくなっている現状を踏まえ、大切な判断を十分な国民的論議を踏まえて下したい。

IV

二〇一九年——「深化」

2019 : Deepening

民主主義の最後の砦

沖縄県で二月二十四日に実施される住民投票について、奇妙な事態が起きている。この投票は米海兵隊普天間飛行場の名護市辺野古への移設をめぐってなされる。ところが、普天間飛行場がある宜野湾市をはじめ、いくつかの自治体が投票を実施しない決定を行い、結果として三割を超える沖縄県民が投票に参加できないというのである。沖縄市に住民票を置く玉城デニー知事自身、投票できないという。

反発する市民からは「投票権を侵害した」として、宜野湾市を提訴する動きも生じている。県が決めた住民投票について、その実施事務を担う自治体が不参加を決め、県民投票であるにもかかわらず、投票権を持つ県民が七割を切るというのは、いかにも異常な事態である。なぜ、このような事態が生じてしまったのか。

この住民投票は、市民グループによる署名活動から始まっている。必要数を大幅に上回る署名が集まった結果、直接請求がなされ、沖縄県議会で条例が制定され、住民投票の実施が決まった。問題はその先である。投開票事務の一部は市町村が担うが、住民投票のための補正予算案がいくつかの自治体の議会で否決され、当該の自治体の長が住民投票への不参加を決めたのである。

このような事態はきわめて異例ではあるが、現行の法制度的には想定可能である。県が反対する市町村に執行を強制することは実際上、難しい。しかし、問題はこのことの政治的意味であろう。特に民主主義という視点において、このような事態はどのように理解されるべきか。

この住民投票を支持する側からすれば、今回の事態は、すでに触れたように「投票権の侵害」に当たる。直接民主主義の貴重な機会を奪われたことに対しては、憲法違反を訴える声も少なくない。ある意味で、住民の権利が、その住民を代表する自治体の議会や首長によって否定されたことは、きわめて皮肉な事態にほかならないであろう。

逆に、住民投票への反対派からは、国政レベルの問題であり、自治体の判断すべき対象としてはふさわしくないという意見がある。また、賛成論の裏返しとなるが、住民を代表する議会や首長が反対した以上、住民投票への不参加を決めることは可能だという議論もありえる。

しかしながら、現代の民主主義において、きわめて重要なのは、異議申し立ての機会を十分に確保することであるのではないか。

今日、政治上で争点になることの多くは、負担やリスクをどのように社会的に配分していくかに関わる。基地問題はまさしく日本全体の問題であるが、その負担をどの地域に担わせるかについての決定の正当性は、どれだけ異議申し立ての機会があり、その意見が十分に考慮されたかにかかっている。

現在、民主主義について、さまざまな議論がある。住民投票と議会による決定の関係も難しい問題である。が、少数派の異議申し立ての機会と、その納得を得るための丁寧な説得の過程こそが民主主義の最後の砦《とりで》であることだけは間違いない。その一線が脅かされるとき、民主主義の形骸化がとめどなく進むであろう。今回、異議申し立ての声を示す機会すらも奪われかねない事態に、深刻な脅威を感じざるをえない。

奇妙な中ぶらりん

今年は後世どのような年として記憶されるのだろうか。世界の地政学的なバランスが崩れ、各国の一国主義的な姿勢が強まる一方、国内的にも経済的分断が深まり、民主政治の不安定化が進んだ一年とされることは間違いない。

ただし、世界が一気に崩壊する一年になるのかというと、いまは奇妙な中ぶらりんの状態にあるようにも見える。はたして崩壊前のいっときの静けさなのか、それとも、このような状態がもう少し続くのか。欧州を素材にこの問題を考えてみたい。

惨憺《さんたん》たる状況にあるのが英国のメイ首相である。ブレグジット（英国のEUからの離脱）を巡り交渉を続けるメイ首相であるが、英議会下院は首相の交渉方針を再度、否決した。このままいけば、三月二十九日には離脱条件についてEUとの合意がないままの離脱となる。

「合意なき離脱」を回避するため、最大の懸案事項であるアイルランドにおけるバックストップ（厳格な国境審査）恒久化を回避するための交渉を続けるメイ首相であるが、残された時間はあまりに短い。強硬な離脱派を抱え、足元の保守党の掌握すらままならない首相に、もはや事態掌握のリーダーシップを期待できないのが現状であろう。

離脱の延期や再度の国民投票を含め、今後、英国がどのような道を歩むのか予測がつかない。にもかかわらず、メイ首相に代わって英国を指導する政治家がいるかとなると、これも見えてこない。ブレグジットの推進派も反対派も、ある意味で首相に取って代わるだけの準備はない。結果として、政権は奇妙な安定状態にあるとも言える。

状況が厳しいという点ではフランスのマクロン大統領も変わらない。燃料税引き上げに対する反発をきっかけにフランスの全土で起きたデモ活動は、今日なお収束していない。「黄色のベスト運動」と呼ばれるこの運動には、マクロン大統領の政策に反発する幅広い人々が参加している。一部暴徒化した参加者を含め、共通しているのは富裕層寄りとされるマクロン大統領に対する強い反発である。

デモ活動への参加者の数は減少しつつあるが、政府の強硬な鎮圧活動に対しては国際的な批判も高まっている。マクロン大統領をフランス革命で処刑された国王ルイ十六世に例えるポスターが現れるなど、反発は収まりを見せていない。一時はEU改革を先導する意欲を見せていた大統領だが、今はむしろ欧州の混乱を加速させている。

にもかかわらず、マクロン大統領の任期はまだ半分以上残っている。そもそもマクロン氏が大統領になった背景には、国民戦線（現・国民連合）のルペン候補だけは避けたいという有権者の判断があった。今日なお、マクロン大統領への消極的支持がなくなったわけではない。

与党キリスト教民主同盟（CDU）の次期党首選に出馬しないことで、事実上の政界引退に追い込まれたドイツのメルケル首相もまた、二〇二一年まで任期を残しているだけに、傷だらけの仏独両首脳がEUを支え続けることになる。

不安定化する国際秩序とポピュリズムとして吹き荒れる国内不安に挟《はさ》み撃ちされつつ、欧州の首脳がぎりぎりで踏みとどまっているのが現状である。今年を崩壊の年としないためにも、日本はリベラルな世界秩序の維持に貢献すべきだろう。

海士町の「奇跡」

先日、島根県の海士町《あま》を訪問した。早春というにはいささか肌寒かったが、寒さをものともしない地域の人々の熱気に圧倒された。

海士町は本土から六十キロほど離れた隠岐諸島の一つ、中ノ島にある。フェリーに乗れば三時間ほど、高速船でも一時間かかるこの島で不思議なことが起きている。二千三百人ほどの町に全国各地から移住者が相次ぎ、いわゆるIターン者（この地の出身者でないにもかかわらず、移り住んだ人）が三百人を超えているという。しかも、若い人が多く、有名企業をやめてこの地にやってくる人も多い。

すでに全国的に知られるに至った海士町に来るのは、実は初めてではない。山内道雄前町長による改革が始まって以来、度々、この町を訪れてきた。大江和彦新町長が就任して一年が経過したのを受け、いわば「海士町2・0」とでも呼ぶべき様子を見に、この島を再訪したのである。

新町長に初めてお目にかかったのは、大江さんが地産地商（地産地消ではない）課長のときであった。この地に若い人を呼び込み、その目で島の魅力を再発見してもらう。これを町をあげて支援し、事業化する。このモデルで海士町は次々にヒット商品を作り出し、全国にファンを増やしていった。大江さんは、まさにその最前線に立つ課長さんだった。

海士町の実践が画期的であったことは言うまでもないが、改革の始動と同じくらい難しいのは改革の継続である。一時的に生まれた高揚感も、時間がたち、人が入れ替わるうちに次第に失われてしまうことがある。その意味では、改革の最前線にあった大江さんが新たな責任者となったことは、海士町にとって、とても良かったと言える。

「海士町2・0」のポイントは何か。やはり、人づくりではないのか。この地を再訪しての印象である。Iターン者について触れたが、この町の特徴は地域の外からの人材をいかすことにある。島の出身者でなくても、他の場所で学び働いてきた人の知識や経験を、最大限にこの島のために発揮してもらう。

逆に、海士町で活躍した人材が、やがてこの地を「卒業」し、経験をいかして、他の場所で活動することも歓迎する。このような「おおらかさ」が海士町の特徴であろう。ポイントは「やる気のある人には、きちんとその場所を確保する」。これぞと見込んだ人材にはとことん付き合い、支援する努力を、この町は重ねてきた。この町の「奇跡」も、そのような日常的な努力の積み重ねのはずだ。

興味深いのは、隠岐島前高校での「魅力化プロジェクト」である。生徒数の減少で廃校寸前まで追い込まれたこの学校は、いまや「島留学」で人気である。地域出身の生徒とともに、全国各地から集まった生徒が、単に教科だけでなく、自身の生き方や地域の発展に関わる独自のプログラムを学んでいる。教育を通じて地域を変える、まさに最先端の実験がそこで行われていると感じた。

それでも地域出身の生徒数の減少など課題は多いという。行政の側でこの魅力化プロジェクトを主導した吉元操さんが今回、副町長になった。大江町長とともに繰り返し「海士町は成功事例ではない。挑戦事例だ」と話してくださったのが、とても印象的だった。日本は地域から変わりつつある。あらためてそう感じた。

何が始まったのか

令和の時代が始まった。と書いていて思うのは、いったい何が始まったのか、ということだ。「令和最初の……」ということで世の中が盛り上がっているのに、何も冷や水を浴びせたいわけではない。日本だけで通用する時間の区切りである年号の是非を巡って、そもそも論じたいわけでもない。ただ、何が始まったのかと素朴に思うのだ。

逆に言えば、平成という時代が終わったということは何を意味するのか。仮に平成の三十年が一つの時代としての意味を持つとすれば、それはどのような時代だったのか。

思えば、平成とは何か足元を揺るがす巨大な動きを前に、立ちすくむばかりの時代だったのかもしれない。言うまでもなく、平成七（一九九五）年の阪神大震災、平成二十三（二〇一一）年の東日本大震災と、平成とは日本が巨大な災害に見舞われ続けた時代であった。確実に存在すると思っていた大地が裂け、津波がすべてを押し流したことは、私たちのよって立つ地面が、いかに脆弱《ぜいじゃく》であるかを思い知らせた。

そして、それに人災が加わった。福島の原子力発電所の事故とその後の対応、さらには事故を受けての原子力政策の見直しの不十分さは、私たちが自分たちの社会や組織を見直すにあたっても、やはり無力なのではないかという疑念を生みだした。問題があるとわかっていても、何もできない。そのような無力さの感覚が、しばしば「今が良ければ後のことは知らない」という虚無感につながった。

新たな時代の幕開けにあたって、いささか悲観的すぎるだろうか。

しかしながら、平成とは、ベルリンの壁崩壊とともに幕開けし、冷戦の終焉《しゅうえん》、そしてそれを受けての自民党一党優位体制の終わりによって始まった時代ではないのか。多極共存型の世界秩序とともに、国内的には政治改革が試みられ、政権交代のある民主政治の樹立を目指して始まった時代ではないのか。

そのような平成が、英国の欧州連合離脱（ブレグジット）とトランプ米大統領による米国第一主義、さらに排外主義と独裁的指導者の台頭ばかりが目立つ昨今の状況とともに終わるのは、いささか寂しい。政権交代という言葉すら聞かなくなったのも、やはりむなしい。なぜ、このようなことになったのか。どこに問題があったのか。日本にとって、平成の三十年間に、ついに少子化の波を押しとどめることができなかったことも深刻である。出生率の低下自体は、昭和の終わりから指摘されてきた。警鐘は鳴らされ続けたが、有効な対策は取られず、第一次・第二次に続く第三次ベビーブームは、ついに起きることがなかった。今後、日本は急激な人口減少時代を迎える。そのための備えは、残念ながら不十分なままである。

その意味で言えば、もし平成の終わりが、そのような巨大な変動を前にしての無力感と虚無感の時代の終わりであるとすれば、それは望ましいことであろう。新たな時代の始まりが、自分たちの力で社会を変えていく第一歩になるなら、喜び、決意を新たにするのにふさわしい。

はたして本当にそう言えるのか、今こそ自問自答すべきである。いずれにせよ、不都合な現実から目を背けていれば済んだ時代は、善きにつけあしきにつけ、終わったようだ。時代の風に向き合わねばならない。

むなしい「真夏の狂宴」

「衆参同日選」説が消えそうで、消えない。今夏の参院選に合わせて、同時に衆院選を行うかどうかをめぐって、与野党の思惑が行き交って、先行きが見通せない。

「同日選」説の火元の一人である菅義偉官房長官自身は三月三十一日のラジオ番組で「九九%ないと言えるかもしれない」と発言したものの、四月十三日のインターネット番組では「首相がやると言えばやる」、五月十七日の記者会見では「（内閣不信任案の提出は衆院解散の大義に）なるんじゃないか」と答え、揺さぶりをかけている。これに対し、野党立憲民主党の枝野幸男代表も「（可能性は）九九%だと思っている」と応じる。

野党は遅まきながら、参院の改選一議席の全選挙区で、ようやく候補の一本化にこぎつけている。とはいえ、同日選となれば、対応が大幅に遅れていることは否めない。

多くの衆院選挙区で野党統一候補の擁立は困難であり、結果として野党共闘は難しくなるだろう。準備不足のまま野党が互いに競い合えば、組織的基盤にまさる与党側の優位がますます強まることは間違いない。

さらに、この秋には消費税増税が控える。トランプ米大統領が圧力をかけてくる日米貿易交渉も本格化し、与党としては厳しい局面が続く。その前に衆院選もやってけば、という思いは強いだろう。もちろん、今後の状況によっては与党優位が崩れる可能性も否定できないが、一定のリスクを覚悟してなお、同日選に打って出ようとする与党の思惑は完全には消えていない。

それにしても、選挙をめぐって、ここまで党利党略ばかりが語られるのも珍しくないだろうか。もちろん、政治とは本来そのようなものだと言うこともできる。しかしながら、近年、「解散は首相の専権事項」とする議論が横行し、与党がひたすら勝利のタイミングをうかがい、「勝つことだけが大義」という状況が加速している。恣意《しい》的な「真夏の狂宴」のために、膨大な国民の血税と労力が投入されるかと思うとむなしさが募る。

このような状況が続けば、「そもそも、なぜ選挙をするか」という意義は、完全に空洞化するだろう。そのことが政治に対する不信とニヒリズムをさらに募らせ、政治の地盤沈下を加速させるばかりである。いいかげん、政治家たちは自分たちの足もとを掘り崩す愚《ぐ》に気づくべきではなかろうか。

いや、それでいいのだという声も聞こえてくる。平成政治の本質は、低投票率の下、けっして盤石な支持基盤を持つわけではない自民党・公明党の連立与党が綿密な選挙協力によって、まとまらない野党を尻目に、衆院の小選挙区と参院の一人区で勝ち続けることにあった。この構図からすれば、世の中が政治にしらけ、傍観者的になることは、むしろ望ましいことかもしれない。

はたして、このようなあしき平成政治の本質は令和においても再生産され続けるのだろうか。むしろ、二院制の意義の再確認に基づいて、衆参の選挙制度のあり方をめぐってじっくり考え直すタイミングが到来したのではないか。その上で「選挙を通じて、国民が自ら判断を下す」という政治の本来の姿に戻るべきではないかと思えてならない。

未完の政治制度改革という平成からの宿題について、そろそろ決着をつけないといけない。

一票投じる三つの基準

今度の参院選は令和最初の国政選挙となる。まさに令和のデモクラシーのあり方を問うこの選挙について、私たち有権者はどのような姿勢で臨むべきだろうか。

報道機関による選挙情勢の報道が過熱するなか、あるいは「もう結果は見えた」という声も聞こえてくる。しかしながら、各種の報道を見ても、いまだ有権者の四割は投票先を決めていない。しかも重要なのは投票率であり、特定の支持政党を持たない「無党派層」が多数を占める現状では、その動き次第によって、結果が大きく違ってくる。

何よりも重要なのは、令和のデモクラシーを活性化することであろう。

平成とは低投票率によって特徴づけられる時代であった。国政選挙だけをとってみても、昭和の時代において、衆院選であれば投票率が七〇%を、参院選でも六〇%を下回ることは少なかった。これに対し、平成においては二〇〇九年、民主党政権を生んだ衆院選を例外とすれば、五〇%台後半、さらに近年では五〇%台前半の投票率も珍しくない。有権者の二人に一人しか投票しない民主主義を、民主主義と呼べるのだろうか。

低投票率の下、相対的に組織のしっかりした政党が支持を維持し、自民、公明両党が政権の座につくことが長かったのが平成デモクラシーの特徴である。冷戦の終焉以降、「保守」と「革新」の図式が大きく揺らぎ、政党をどのように評価すべきかを巡って混乱が続いたが、その状況はいまだに変わらない。政治への不信と諦めが結びつき、独特な現状維持が続いている。

このような状況を打破するためには、ともかく一票を投じるしかないだろう。その際、判断の基準を三つ示したい。

第一は、少子高齢化に歯止めをかけることができなかった平成の三十年の総括である。この間、第二次ベビーブームの世代が親になる時期を迎えたが、第三次ベビーブームが起きることはなかった。このことは、日本社会が子どもを産み、育てる環境をついに整えることができなかったことを意味する。むしろ、その世代を厳しい労働条件に置き続けた三十年の反省が不可欠である。

第二は、この三十年に日本の地域社会は大きく傷つくこととなった。現在、ほとんどの自治体で人口の自然減・社会減が続いている。流出した人口の受け皿となった一部の都市はなお活気を呈しているように見えるが、長く続くものではない。日本の地域社会の衰退トレンドにどのように向き合うべきか。各党の主張の背後にある、「日本社会の未来像」を冷静に見極める必要がある。

第三に、令和の「和」について考えておきたい。令和の「和」は昭和の「和」と同じであってはならない。昭和の時代、多くの人の一生は会社や業界などの組織とともにあった。一つの組織に関わり、そこでの「和」を図れば生きていけたのが昭和である。これに対し、人生百年時代の今日、一人の人生が一つの組織内部で完結することはない。組織を超えていかに多様な人と協力していけるかに、令和の「和」がかかっている。

急速に多文化社会に移行しつつあるなか、多様な文化的背景を持つ住民との共生の「和」も重要である。令和の時代にいかなる「和」を提示できるかも、政党判断の基準であろう。

やりくりの歴史に学ぶ

夏休みの読書というわけではないのだが、ヤン＝ヴェルナー・ミュラーの『試される民主主義』（上・下、岩波書店）を読んだ。『ポピュリズムとは何か』（岩波書店）で話題を呼んだドイツ出身の政治学者の近著であり、民主主義をめぐる二十世紀思想の大河ドラマといった印象がある。木陰で気軽に読むにはあまりに重い本だが、どうしても手に取らずにはいられなかった。

参院選の目を覆うばかりの投票率の低さ、あいちトリエンナーレ２０１９における「表現の不自由展・その後」の中止とそれをめぐる騒動。自由と民主主義を守る砦《とりで》が脅かされ、その社会的基盤が崩れつつあることを実感する。ここがまさに民主主義にとっての踏ん張りどころであり、民主主義が試されているように思われてならない。

『試される民主主義』の前半は、第一次世界大戦におけるドイツの敗北を受けて生まれたワイマール共和国の運命が中心である。国際政治の動揺と経済の混乱が続くなか、ドイツの民主主義は迷走していった。自らを制御できない政党人への絶望が募り、行きづまった既成の秩序を破壊したいという願望が広まっていく。ナチスの台頭を招くその状況は、現在の日本社会にとって人ごとではない。

後半をなす戦後民主主義も考えてしまう。欧州においても、戦後はけっして民主主義の黄金時代ではなかった。ナチズムやファシズムを生んだのは、扇動され、感情的になった民衆ではなかったか。そのような前提に基づき、極力、政治参加の契機は抑制された。安定感への郷愁から戦前政治家が復活し、宗教や家族、伝統が強調された。一方で、官僚による計画政治が進んだのもこの時期である。

ミュラーの本を読んでいて感じるのは、どこかにお手本となるような民主主義があるわけではない、ということだ。戦後日本で、しばしば理想化して語られた欧州であるが、その民主主義の実情は、多様な要素のパッチワークに他ならなかった。福祉国家の理念が直ちに支持されたわけでもない。数々の妥協の積み重ねの上に、なんとか民主主義をやりくりしてきたというのが実情であろう。

もちろん、そのような民主主義のあり方に対し、多くの人々が異議を申し立ててきた。より実質的な民主主義を可能にするための自主管理の理念も語られてきた。ハイエクの経済的自由主義からアーレントによる政治の復権へ、さらにマルクス主義からもルカーチやブロッホなどユニークな思想家が続いたこの時代は、まさに民主主義の実験期であった。

にもかかわらず、そのような実験の多くは、今日の視点からすれば「失敗」と言わざるをえない。本を読み終えて、実に多くの思想的廃虚の上に、今日の民主主義があることを思う。しかも、戦後民主主義を支えたさまざまな妥協のパッチワークは、いまや無残に崩れつつある。自由と民主主義を守るための国際的な枠組みも迷走している。そうだとすれば、私たちはどうすべきか。

けっして民主主義の黄金時代があったわけではない。それでも理想と妥協との間で、苦闘し、やりくりしてきたのが民主主義の歴史である。その意味で、過去の「失敗」の歴史は、再出発のためのまたとない重要なヒントである。自由と民主主義の砦を守り、その基盤を再構築するための道筋を、歴史から学ぶべきであろう。

人事から読み解く胸中

九月十一日、安倍晋三首相（自民党総裁）は内閣改造と党役員人事を行った。首相に近い立場からの起用が多いことから「お友達内閣」との批判がある一方、閣僚経験のない「待機組」の初入閣も相次いだことから「在庫一掃」との揶揄《やゆ》の声も聞こえる。いずれにせよ、首相が現在何を考えているのかを考える上で、大きなヒントを与えてくれる人事であることは間違いない。

第一に、そして最も大きな印象は、内閣・党人事とも、骨格に手をつけなかったことである。内閣でいえば菅義偉官房長官と麻生太郎副総理兼財務相、自民党では二階俊博幹事長がその職にとどまった。いわば安倍体制を支える「トライアングル」について、あるいは変化があり得るのではないかという観測もあったが、何も起きなかった。首相にとってこの大きな枠に手をつけることは、あまりにリスクが大きかったのであろう。

その意味からすれば、この人事は、小泉進次郎氏の初入閣などが話題を呼んだものの、本質的には大きな冒険をしなかったと言える。

党役員人事についても、二階氏と岸田文雄政調会長を留任させたことが注目される。憲法改正への意欲を隠さない首相であるが、憲法改正に慎重とみられるこの二人を続投させ、あえてその任務を負わせたのか。このあたりが今後の憲法論議において、一つの鍵となるであろう。

第二に、首相の考える次世代指導者像がうかがえることも興味深い。特に注目されるのが、茂木敏充外相と加藤勝信厚生労働相である。

元来、外相は重要閣僚であり、将来の首相候補のためのポストであった。閣内での序列が高い一方、政治的には安定していて将来への傷がつきにくい、いわば格好の「首相待機ポスト」というわけである。が、前任の河野太郎防衛相にしても、今の茂木氏にしても、かなり実務家としてのイメージが強い。外交を重要課題とする安倍内閣において、この職が「首相待機ポスト」から「実務家」に変化したことが注目される。

首相の側近として知られる加藤氏の厚労相への起用も興味深い。「一億総活躍」を掲げる首相だが、政策的な手詰まり感が否定できない。この状況を打破する意欲と見通しが首相にあるのか。あえて次世代の指導者として期待を寄せる側近を、労働や社会保障を担当する厚労相につけた首相の「本気度」が問われる。

ある意味で、首相は内閣と党の大枠に手を付けず、むしろ外相や厚労相などのポストを使って、次世代指導者の競争の場としたのだろう。河野氏や岸田氏らを含め、将来の指導者を狙う政治家に課題を与えて競わせる意図がうかがえる。その他も側近の起用が目立ち、「論功行賞」の色彩も強いが、いずれにせよ首相の思い入れが目立つ。

第三の印象は、内閣・党役員人事のルールが根本的に変わったことが、いよいよ明らかになったことである。確かに、今回の人事においてもなお派閥均衡人事の側面は残っている。が、首相の人事権が格段に大きくなり、善きにつけあしきにつけ、その意図や狙いがはっきりするようになった。官邸機能強化の結果である。

国民は今後、そのようにして首相が選んだ閣僚たちの「成績」を厳しく採点し、内閣のパフォーマンスをチェックしていかねばならない。

長期的視野での治水を

古来、政治の最も重要な任務の一つは治水であった。古代中国の尭《ぎょう》、舜《しゅん》、禹《う》の時代にまでさかのぼる必要はないだろう。日本の歴史を振り返ってみても、武田信玄による信玄堤《つつみ》の建設や、徳川家康による利根川の付け替え工事などがよく知られている。特に家康が坂東太郎と呼ばれた奔流の利根川を、千葉県の銚子方面へと流れを変えたことで、湿地の広がる関東平野が耕作地に変わった。巨大都市江戸の発展を可能にした家康の事業は昨今話題になることが多い。

ここで昔話がしたいわけではない。今回、台風一九号は日本各地に深刻な爪痕を残した。特に記録的な豪雨の結果、長野県の千曲川流域をはじめ、河川の堤防決壊による被害は甚大《じんだい》であった。多くの家屋や施設が浸水被害に遭遇し、多くの人命が失われた。改めて被害に遭われた方々にお見舞い申し上げ、一日も早い復旧をお祈りしたい。

今回の台風は、治水というテーマに即して、改めて政治の課題を考えるきっかけになったのではないか。

私たちは、とかく日々の報道をにぎわせる、目につく出来事に注目しがちである。選挙をはじめとするさまざまな政治的イベント、国会の日程や折々の政治家の発言、政党の離合集散は、確かに政治において重要な要素と言える。しかしながら、それだけが政治だろうか。

実を言えば、治水をはじめ、私たちの日常生活の基盤の整備は日々、目につかない場所で、多くの人々の努力によって少しずつ実現されている。それは確かに目につきにくいが、政治の重要な要素である。関係者の日々の努力が声高《こわだか》にたたえられることは少ないが、災害や事故が発生したときに初めて、私たちの生活の基本的な条件が誰かによって支えられていることを思い知る。今回の台風はその最たる例であった。

首都圏では多摩川流域などで、河川の水が住宅地に流れ込むなどして被害が生じた。だが今回、未曾有の大雨で危機的なレベルまで増水したにもかかわらず、大規模な浸水が起きなかった場所もある。

その理由は、貯水池や遊水池、放水路などの着実な整備によるところが大きいという。かつて「暴れ川」と呼ばれた鶴見川なども、今回はラグビーW杯会場となった横浜国際総合競技場（日産スタジアム）のある新横浜公園の遊水地などの活躍もあり、大規模な被害を免れた。

しかし、これは問題の一面であろう。日本の多くの地域で、堤防の整備がいまだ十分に整備されていない現実があらわになった。道路やトンネルなど、高度経済成長期に建設したインフラの維持・更新が難しくなっていることがしばしば指摘される。堤防の整備もまた、後手後手に回っていることは明らかであろう。東京五輪を迎える首都圏に投入される資金と労力とは対照的に、日本各地の人々の暮らしはいまだ脆《ぜい》弱《じゃく》な条件に置かれている。

台風被害について「まずまずに収まった」と述べ、撤回した自民党の二階俊博幹事長の発言が問題になったが、首都圏に視野が限定されがちなのは二階氏だけではないだろう。治水とは、決して個々の堤防の整備に尽きるわけではない。流域全体の人々の暮らしを総合的に判断し、必要な手を長期的な視野で打っていく。政治の課題が新たに浮き彫りになったと言っていいだろう。

理念の価値教えた教皇

思えばこのひと月あまりにいろいろなことが起きたものである。

十一月二十四日の香港区議会議員選挙では、民主派が四百五十二議席中、三百八十八議席を獲得して親中派に圧勝した。今後の香港と中国の関係は予断を許さないが、東アジアにおける巨大な地殻変動が感じられる。

一方、十二月十二日には英国で総選挙が予定される。世論調査ではボリス・ジョンソン首相の保守党の優勢が伝えられるが、選挙結果がブレグジット（英国のEU離脱）に大きな影響を与えることは間違いない。東と西で、世界は大きく変化しようとしている。

そのような状況において、日本はどうだろうか。激動する世界の中で、善きにつけあしきにつけ「安定」しているかに見える日本政治だが、それを揺さぶるような大きなイベントが相次いだ。このことが、あるいは歴史的に意味を持ってくるかもしれない。

まずは十月二十二日からの「即位の礼」である。伝統的とされる儀式が続く一方、即位した新天皇は「日本国憲法および皇室典範特例法」により皇位を継承したことを宣言し、「憲法にのっとり」「日本国および日本国民統合の象徴としてのつとめを果たす」ことを誓った。天皇における伝統的側面と、日本国憲法下における立憲的側面をあらためて考えるきっかけになったと言えるだろう。

十一月二十三日にはローマ教皇フランシスコが来日した。教皇の来日は三十八年ぶり。わずか四日という限られた期間に、被爆地である長崎、広島を訪問し、東京に戻った後も天皇や安倍晋三首相と会談する一方、東日本大震災の被災者や一般市民と交流を重ねた。世界各地を飛び回り、カトリック信者と直接触れ合うことを重視する教皇が、必ずしもカトリック信者の多くない日本に立ち寄ったことには、それなりの意図と狙いがあったはずである。

教皇が繰り返し強調したのは、苦しみや試練に耐える人々に寄り添うことであった。迫害を受けてきたキリスト教徒はもちろん、原爆被害者、東日本大震災の被災者、さらには日本で苦学している難民留学生と言葉を交わすことに意を注いだのは、来日の目指すところを示している。

戦争目的の原子力使用を「犯罪」と呼び、倫理に反するとした教皇であるが、離日後の特別機内での記者会見ではさらに、完全な安全性が保証されない状況の原子力発電について、個人的な意見としつつも懸念を表明した。政治的介入を慎重に避けながらも、日本政府に対するメッセージであるのは明らかであろう。

教皇はさらに今回、死刑問題に言及し、難民受け入れを説き、競争社会や効率主義の行き過ぎに警鐘を鳴らして日本の若者への共感を口にした。ある意味で、日本社会の諸問題を「総ざらえ」したかに見える。あるいは耳の痛い思いをした政治家も少なくなかったかもしれない。政治において理念を語ることの意味を確認した思いであった。

その間、日本政治はといえば、首相の「桜を見る会」問題が世を騒がせた。十分な説明がなされるどころか、関係書類は処分されたという苦しい言い訳が繰り返されるばかりである。政治において理念を語る重要性を感じた後だけに、大切な情報や言葉がシュレッダーにかけられるこの国の状況に危惧を覚えざるをえない。

V

二〇二〇年——「異変」

2020 : Changes

劇的事件に慣れる怖さ

二〇二〇年最初の寄稿である。今年の展望について、期待を込めて書きたいところだが、そのようなのんきな思惑を吹き飛ばすような事件が、昨年末から年初にかけて続いた。十二月二十九日には前日産自動車会長カルロス・ゴーン被告の海外逃亡事件が、一月三日には、イランの革命防衛隊のソレイマニ司令官の殺害事件が起きた。性格は異なるが、どちらも冷水を浴びせられるような感覚を残した。

両事件はひどく「劇的」であった。まるで映画の出来事と言ってもいい。ゴーン被告は音響機器用の箱に隠れ、プライベートジェット機で脱出したという。複数の国籍の人物が関与し、米陸軍特殊部隊グリーンベレーに所属した経験のある人物が助けたとの報道もある。ますますハリウッド映画風である。保安検査の甘い関西空港が狙われるなど、入念な準備の上での「逃亡劇」であった。

ソレイマニ氏の殺害は、シリアからバグダッドの国際空港に到着したソレイマニ氏が車で移動中に発生した。ドローンのミサイル攻撃によるものであり、居場所について米軍による詳細な監視と追跡がなされていたことがわかる。さながらスパイ映画の印象があるが、かくもピンポイントな攻撃が可能なのかと思うと、ＳＦ映画的にも思えてくる。いずれにせよ驚くべき「暗殺劇」であった。

ただし、劇は劇でも、ひどく安っぽい三文芝居《さんもん》の印象があることも否めない。ゴーン被告の逃亡は、長期の勾留により自白を強要するなど「人質司法」とも批判され、人権に反する日本の刑事司法の問題点を、世界にさらすことになった。もちろん、だからといって一国の制度の裏をかいて逃亡することが正当化されるわけではない。グローバルエリートの身勝手さを感じてしまうのも事実である。

ソレイマニ氏の殺害についても、トランプ米大統領がいかにテロ対策の正当性を主張するにせよ、一つ間違えば世界的な戦争状態を招きかねない危険な蛮行であった。トランプ流の計算があったにせよ、ギリギリの賭けに似た行為であり、米国首脳の「予測不可能性」ばかりを印象づけた。その決断の背景には、米大統領選への対策があることは明らかで、大国の国内事情で世界が揺さぶられる危険性を痛感させられた。

あらためて思うのは、今日の世界が「帝国主義」的になっていることである。さながら、サラエボにおける一発の銃声が第一次世界大戦を引き起こしたように、何か一つの偶発的事件によってバランスが崩れ、戦争が起きてもおかしくないのが世界の現状である。各国指導者の自国第一主義が加速し、それを抑制するはずの国際的な制度は空洞化するばかりである。グローバルエリートの身勝手さが目立ち、金と力があれば何でも押し切れるという思いが、ますます状況を悪化させる。

何よりも恐ろしいのは、このような現状を当たり前のように受け止めてしまう自分自身の感性である。こんなことが起きてもおかしくない。ドラマ以上にドラマ的なのが現状だ。そう思っているうちに、やがて事件を忘れてしまい、次の劇的な出来事をぼんやりと待っている。誰もが無責任な観客となってしまう危険性をまざまざと痛感した、二〇二〇年の幕開けであった。

世界は流動化し、不安定化している。傍観しているだけでは無力になるばかりだ。

危機に備える哲学

新型コロナウイルスの猛威がとどまるところを知らない。日本でも複数の経路からの感染が認められ、水際での封じ込めには失敗したと言える。東京マラソンについて、一般ランナーの参加枠の取りやめが決まったとの報道があったが、これからも各種イベントの中止が相次ぐだろう。一日も早く終息のめどがつくことを願うばかりである。

この事態を受けて、思い出した話がある。もう何年も前だが、災害対応の経験を豊富に持つ自治体首長の方から話をうかがったことがある。

その首長がまず指摘したのは、「危機を管理する」という発想そのものが、人間の傲慢《ごうまん》さを示しているということであった。「危機管理」という言葉には、危機は予測可能であり、ゆえにコントロールできるという発想が込められている。しかし、予測できない事態だからこそ危機なのであり、完全に予測することなどできるはずがない。

それでは、予測しえない危機を前に、人間はただ無力なのか。そうではないと、その首長は言った。「危機を管理することはできないが、対応することはできる」。管理と対応はどう違うのだろうか。

災害などの危機にあたって、その危機を完全に管理することはできないとしても、「追い抜かれない」ことが大事だという。言い換えると、初動において、なるべく「大風呂敷を広げる」ことが求められる。迅速に、可能な限りの対応を取るべきで、その決断が重要である。なるほど、多くの場合、そこまでの対応は不要だったという結果になるだろう。とはいえ、そのような対応は、来るべき大災害に対する良い訓練の場になる。

逆に、初期の段階で小出しの対応をすると、危機が深刻だった場合、取り返しがつかないことになる。いったん後れをとると、対応は後手後手になり、災害に「追いつく」ことができないからだ。また、危機には「運命」があり、同じ時期に他の問題があると、そちらに関心が移りやすい。えてして対応が遅れるのは、そのようなときだという。

危機に備えるためには、地理の勉強が必要という話も印象に残った。過去の歴史から学ぶというのは想像がつくが、「地図を読め」という指摘は面白いと思った。危機が起きたとき、その規模感や距離感が直感的に把握できることが大事であるという趣旨であろう。含蓄《がんちく》のある話だ。

その意味でいうと、どうやら今回の新型コロナウイルス危機について、政権は初動を誤り、出遅れ、危機に「追い抜かれて」しまったと言われても仕方がない。その後の対応も小出しのものが多く、時間を浪費してしまった。「大風呂敷を広げる」決断がつかなかったのである。あるいは最初の感染が中国の武漢で起きた際、すぐに日本にも余波があるはずという地理感覚が働かなかったのかもしれない。他に気になる問題があり、対応に集中できなかったとすれば論外である。いずれも先人の知恵から学ぶことが不十分だったことを示している。

さらに悪い予測を書かざるをえない。日本に多い対応は、初動を誤り、小出しの対応に明け暮れ、それがある一線を越えると急にパニックを起こすというパターンだ。過剰反応もまた、適切な対応の妨げとなる。これ以上の感染の拡大を防ぐべく、冷静な対応が必要である。求められるのは危機の哲学である。

五輪というハンディ

新型コロナウイルスの脅威が、新たな段階に入った。政府の専門家会議をはじめ、関係者による懸命の努力によって集団感染をなんとか押しとどめてきたが、ここに来て予断を許さない状況になっている。

これまで日本では、クラスター（感染者集団）に対する個別的な対策を通じて、感染者の爆発的増大を抑止してきた。しかしながら、ここに来て、世界各地から感染者の流入が増大し、感染経路をつきとめられない患者の数も増えている。北海道大学の西浦博教授の言葉を借りれば、「空から焼夷《しょうい》弾が次々と降って」くる中で、「火事を一つ一つ止めないといけない」状態は、限界に近づきつつある。都市封鎖の可能性も出てきた。

仮に感染の増加を食い止められたとしても、経済的・社会的危機がそれに続く。政府は各種の「自粛」を要請するが、休業による経済的損失の補償については後手後手に回っている。いまはなんとか持ちこたえている観光業や飲食業など各種業界、フリーランスなどについても、苦しい状況が続けばどうなるかわからない。経済停滞が長期化する可能性が高く、社会不安が拡大する恐れもある。

経済的・社会的危機に対する政府の対応には疑問が残る。政府・与党内では現金給付や商品券配布などを検討しているというが、聞こえてくる「和牛商品券」は失笑ものであるし、旅行補助などは感染拡大防止対策と矛盾する。個別的で、思いつきとの印象は否めない。一つ間違えば経済活動が停止しかねない状況で、いかにすれば企業の倒産を防ぎ、人々の雇用と生活を守れるか。危機において、社会の血流を維持するための知恵の出しどころであるが、それだけの能力が現在の政府にあるのかどうか。

しかも、そのような状況において、日本には特別のハンディがあると言わなければならない。先日、ようやく安倍晋三首相から東京五輪・パラリンピックの一年程度の延期が発表された。世界のアスリートから批判され、遅きに失した判断だが、はたして一年後に無事、開催できるとの保証は何もない。現状では治療薬もワクチンもない新型コロナウイルスについて、世界中で感染を封じ込めるには数年単位の対策が必要である。この間、日本は、延期による経済的負担のみならず、調整のためのコストを払い続けることになる。

思えば、五輪とはあまりに重たい「化け物」なのかもしれない。巨額の資金が先行投資され、やめるにやめられない。延期するにしても、各種の思惑があってままならない。首相による発表が遅れたのも、調整があまりに複雑で、発生する経済的負担の行方が気になってのことであろう。新型コロナウイルスの感染拡大防止と経済的・社会的対策のために全神経を使うべきときに、何をやっているのかと言われても仕方がない。

これだけの「化け物」を抱え込むにあたって、日本社会に真に民主的な決定過程があったのか疑問である。多くの政治家の思惑で始まったこの五輪、その負担を最後に負わせられるのは国民である。

今は、危機を前に最善を尽くすべきである。災厄そのものの到来を少しでも早く告知し、災害防除《ぼうじょ》に力を尽くすことが政治の本来の務めである。間違っても、政治が災害対応の重荷となってはならない。

負担の分かち合い

全国を対象とする緊急事態宣言について、五月六日の期限が一カ月程度延長される方向になった。新型コロナウイルスの影響が長期化することがいよいよ確実になったと言える。感染の短期的な終息を期待できない以上、私たちはいよいよ「コロナとともに生きる」ための社会のあり方を考えなければならない。

もちろん感染の拡大防止が最優先されるべきであり、医療機関の崩壊を避けるためにあらゆる手段を取る必要がある。が、同時に私たちは新型コロナウイルスによる社会経済的影響についても対応が求められている。

その場合、休業補償や経済対策としての給付金など、緊急の対応が重要であることは言うまでもない。企業の倒産を防ぎ、雇用の減少に歯止めをかけるために、あらゆる知恵を使うべきである。ただ、同時に、私たちはより中長期的に、社会における平等や公正についても考えなければならない。

何も抽象的な話をしたいわけではない。素朴に考えても、この新型コロナウイルスのダメージが人によって、相当に違うことは明らかである。収入が安定している人はまだ、苦境を踏ん張ることができるかもしれない。家族や友人など、見守ってくれる人がいる人は何とか困難をしのげるかもしれない。が、そうではない人にとって、事態は深刻である。

ある意味で、パンデミック（世界的大流行）は、もともとより脆弱な立場にある人をさらに脆弱な立場に追いやってしまう。そうだとすれば、いかにすれば、ダメージを社会全体として受け止められるか、特定の人に重くのしかかる負担をいかにして分かち合っていけるか、考えるべきだろう。

筆者にとって特に気になるのは教育である。大学や高校はもちろん、小中学校という義務教育の根幹においても、学校再開が難しい地域が多数あることは深刻である。対面式の授業が難しい中、オンラインを含め、現場レベルでいろいろな対応が取られている。が、すべての家庭でオンライン授業を受けられる環境があるわけではない。小中学校で一人一台パソコンを配布する案が前倒しで実施されるとの報もあるが、パソコンを配れば問題が解決するわけでない。問題はそのパソコンをどう使うか、ソフト面を含め課題は大きい。

現在、秋入学も検討されているという。もちろん、国際社会で多数を占める秋入学については、真剣に考えてみる必要がある。とはいえ、単に必要な授業数を満たせないという当座の理由で、思いつきのように実施できる話でないことは確かだ。すでに授業を始めている学校もある中、現場レベルの大混乱が予想される。実行するにしても、十分な準備と移行期間が必要である。

現在、多くの負担が家庭に押しつけられる形になっている。それに対応できる家庭とそうでない家庭の差も大きい。両親が自宅外あるいは在宅で勤務を強いられる中、限界に達している家庭も少なくないだろう。秋入学にしたところでこの問題は解決されるどころか、家庭への負担が長期化することで、さらに問題を深刻にするだけだ。

どうすれば子どもたちに、いま可能な限りの教育を提供できるか。感染リスクの防止とともに、教育の平等の実現のために知恵をしぼりたい。

米国の姿は各国の明日

五月二十五日、米中西部ミネソタ州のミネアポリスで、黒人男性ジョージ・フロイド氏が白人警官の暴行によって死亡した。ミネアポリスで抗議活動が発生し、以後、全米各地に拡大を見せている。六月一日には首都ワシントンで、ホワイトハウス前に集まった抗議デモに対し、催涙ガスが用いられた。その目的は、トランプ大統領が教会前で写真を撮ることにあり、政治的宣伝のための暴力的な排除活動に批判が集まっている。新型コロナウイルス危機はすっかり吹き飛んだかたちだ。

事態はとどまるところを知らない。各地での抗議活動に対し、トランプ氏は「法と秩序」を訴え、軍隊の投入を口にしている。州の秩序を維持するのは知事の権限だが、トランプ氏は「反乱法」に基づいて、州の承認を求めることなく連邦軍を動員しようとしている。これに対しては、政権内部からもエスパー国防長官が反対を表明しているが、このままで、はたして十一月に公正な大統領選は可能なのだろうか。その結果がどうであれ、来年一月の新大統領への権力移行は平和裏になされるのだろうか。

ちなみに、「法と秩序」は、一九六八年、大統領に当選したニクソン氏が受諾演説で使った言葉だ。この年、公民権運動の黒人指導者マーチン・ルーサー・キング牧師が、白人男性に暗殺されている。トランプ氏は、元大統領にならって秩序の擁護者を自任するつもりだろうが、この言葉はどうしても黒人や、その抗議活動に対する抑圧を想起させる。分断の進んだ社会を再統合するのが政治的指導者の務めだが、マティス前国防長官が非難するように、トランプ氏はむしろ「米国を分断させようとしている」ように思えてならない。

このような状況について、一九一八年からのスペイン風邪流行、二九年以降の世界恐慌、そして六三年にあった公民権運動のワシントン大行進が、同時に起きているようなものだという声もある。パンデミック（世界的大流行）とそれによる経済的危機、社会的危機が連鎖する状況を指すが、事態の深刻さをよく示していると言えるだろう。

このような米国における深刻な状況に対し、日本での反応は、いまだ「対岸の火事」扱いのようにも見える。しょせんは、人種対立という米国の特殊事情、そしてトランプ氏という特異なパーソナリティーによるアクシデントという理由かもしれない。しかしながら、本当に問題は日本にとって無縁のものなのだろうか。そうは思えないというのが正直なところである。

今回の新型コロナ危機による影響は、けっして一時的なものではない。そして、感染症による危機は、やがて経済的・社会的危機へとつながっていくことが必至である。新型コロナのダメージはすべての人を襲うが、リスクの負担はけっして平等ではない。社会の中のより弱い立場の人に、より大きなダメージが及ぶなか、それぞれの社会に潜在する矛盾や亀裂が顕在化することになるはずだ。日本もまた、例外ではない。

米国における危機は、世界の危機に直結する。そして、米国で起きていることは、各国の明日の姿でもある。新型コロナと共に生きざるをえない状況で、危機の連鎖を食い止めるべく、あらためて人を置き去りにしない、インクルーシブ（包括的）な社会を目指すべきだ。

検証の機会生かせたか

東京都知事選は、現職の小池百合子氏の圧勝に終わった。新型コロナウイルスの感染再拡大を警戒するなか、小池都政は二期目に入る。

しかし、この都知事選をどう総括すべきかを考えるとき、独特な戸惑いを感じるのは筆者だけではあるまい。いうまでもなく、現代民主主義において選挙は最重要のイベントの一つである。それを通じて、それまでの政治のあり方が問い直され、社会に存在する多様な意見が目に見えるようになる大切な機会である。が、今回の都知事選を通じ、都政がいかに検証され、民意の可視化がどのように進んだかを考えると疑問も残る。

今回は、いわば危機の渦中における選挙であった。危機においては、どうしても政治的リーダーの存在感が強くなる。民意の集約に時間をかけられない状況で、いかなる判断を下し、対策を実行するか。場合によっては通常のルールや制度を超えた対応も必要となるだけに、事後的な検証が重要である。判断を誤った場合、責任追及を免れない。

歴史上、興味深い事例に、一九四五年の英国総選挙がある。意外なことに、国民を団結させ、ドイツとの戦争を勝利に導いたチャーチルの保守党が敗北し、アトリー率いる労働党が勝利したのである。危機における指導者としてのチャーチルを評価しつつも、むしろ戦後における社会保障の充実を重視した英国民の判断の結果とされる。民意による、危機とその後の鮮やかな切り替えであろう。

その意味で言えば、今回の都知事選は、いまだコロナ危機が終わっておらず、そこまでの明確な切り替えは難しかったであろう。日々、記者会見等を行う現職の有利さもあったはずだ。しかし、少なくとも、今回の小池都知事の危機対応について、その検証を行うための絶好の機会であったにもかかわらず、はたして議論は十分であったのだろうか。初動に遅れはなかったか、東京アラートを含め危機管理は適切だったか、都民への説明やデータの開示は適切だったかなど、踏み込んだ検討をもっと聞きたかった。

多様な民意の反映はどうだったか。今回、小池氏が六〇％ほどの得票率であったのと比べ、それ以外の候補は低調であった。過去最多の二十二人が立候補したものの、得票上位の宇都宮健児、山本太郎、小野泰輔の三氏の得票を合わせても、小池氏の得票の半分をやや超える程度であった。事前には、野党候補内における票割れを危惧する声もあったが、小池氏の強さばかりが目につく結果となった。

もともと都道府県知事選は現職有利の傾向があるとされる。今回、野党候補の擁立は告示直前で、準備不足がそれに輪《わ》をかけた。宇都宮氏と山本氏の「消費税率五％」をめぐる見解の違いも明らかになったし、原発政策や五輪開催をめぐって他候補と異なる考えを持つ小野氏の独自性も注目を集めた。政治姿勢の明らかな違いが浮き彫りになり、民意の多様性という点で意義ある選挙ともいえるが、「野党共闘」の難しさばかりが印象に残った。逆に、自民党は独自候補を出さず自主投票を選んだことから、安倍政治の審判も争点にならなかった。

コロナ危機はいつ再燃するかわからない。危機における政治的リーダーの検証を続けるとともに、選挙を通じて明らかになった民意の「多様性」について、さらに考えていく必要がある。

法治という価値

さる八月十日、香港の民主運動家である周庭《しゅうてい》（アグネス・チョウ）氏が、香港国家安全維持法（国安法）違反容疑で逮捕されるという衝撃的なニュースが飛び込んできた。日本語でも積極的に発信してきた周氏の逮捕である。ＳＮＳ上では「#周庭氏の逮捕に抗議する」「#ＦｒｅｅＡｇｎｅｓ」というハッシュタグのついたメッセージがあふれた。

逮捕されたのは周氏だけではない。香港民主派の有力者で、中国に対する批判的な論調で知られる「蘋果《リンゴ》日報」創業者の黎《れい》智《ち》英《えい》（ジミー・ライ）氏が、「外国勢力と結託し、国家の安全に危害を加えた」との容疑で逮捕された。同紙を傘下に持つメディアグループ幹部を含め、逮捕された十人は十二日未明までに保釈されたが、今後も捜査が続くものとみられている。

日本を含め、国際世論に対して大きな発信力を持つ人物を狙い撃っての逮捕である。これから、場合によっては、香港の情報や世論を海外に伝えること自体が「外国勢力と結託」とみなされかねない。中国に批判的なメディアに対する挑戦であり、東アジアにおける自由と民主主義の擁護という見地からも、座視《ざし》するわけにはいかない。

この問題を考えるために、一冊の本を手にとった。香港在住七十年のジャーナリスト、李怡《りい》氏による『香港はなぜ戦っているのか』(草思社)である。まさに「蘋果日報」連載コラムをまとめたものであり、現在の香港の状況を理解するのに最適である。原著は二〇一三年に出版されたので、かなり前の時期についてのものだが(一九年末に執筆された日本語版序文を含む)、まったく古びていない(解説・訳注も懇切である)。

本書のキーワードは「本土意識」である。この場合の本土意識とは、香港の主権が一九九七年に中国に返還された後に生まれた香港人のホームランド意識、アイデンティティーの感覚である。そこには、この百年の間に形成されてきた「法治・自由・公平な競争という核心的価値」を守ることが含まれているという。

ここで注目すべきは「法治」であろう。香港には九〇年に成立した基本法、すなわち香港の憲法にあたる文書がある。著者によれば、特に重要なのは、香港が独立した司法権を持つと明確に述べていること。香港の法院は返還後も基本法に基づき判決を下し、自治の範囲内で基本法の条文を解釈できる。法治こそが香港社会全体の安定の基礎であり、香港人の価値観の根底をなすと著者は強調する。

重要なのは、法の下で、すべての個人が平等なことだ。判決にあたって裁判官は、中央の意向をうかがうのではなく、基本法とこれに基づく法にのみ従う。これに対し、国安法に関する事件は、香港政府トップの行政長官が指名する裁判官が担当し、香港の司法の独立を支えてきた外国籍の裁判官は排除される。若者を含むあれほど多くの香港市民がこの法に反対したのも、ここに理由があるのだろう。

しかし、法治を自らの根本的価値として重視する香港の人々を思うとき、はたして日本のわれわれが法の支配をそこまで大切にしているのか、と思わざるをえない。周氏は拘束中、欅坂46のヒット曲「不協和音」の歌詞が頭に浮かんだという。「君はｙｅｓと言うのか／軍門に下るのか／理不尽なこととわかっているだろう」という言葉が心に刺さる。

「二〇二〇年体制」に期待

菅義偉首相の下、新政権が発足した。とはいっても、閣僚の多くは安倍晋三前首相の内閣からの留任、もしくは横滑りである。事実上、安倍内閣を継承したものと言っていいだろう。一部の閣僚に交代が見られたが、前にその任を経験したことがある人物が起用されるなど、ともかく無難に新内閣を発足させることに意が注がれている。

自民党の人事についても、菅総裁を支持した主要派閥のベテランがそろい、男性ばかりで、菅氏と党四役の平均年齢は七十一歳を上回る。解散のうわさも聞こえる中、いつ選挙になっても対応できる布陣であり、女性や若手の起用といった配慮はほとんど見られない。その余裕はなかったということだろう。

菅政権の発足とあたかも同時並行するかのように進んだのが、新・立憲民主党の成立である。

旧立憲民主党に、旧国民民主党、および他の野党グループからの議員などを加え、枝野幸男代表の下、結党大会が行われた。衆院で百人を超え、参院議員と合わせると百五十人の船出となった。野党の分裂と細分化が続いたが、ようやく政権をねらいうる規模の野党第一党が誕生したことになる。

旧民主党、あるいは民進党の復活にすぎないとの声もあるが、共産党を含めた野党共闘を目指している点は重要だろう。自公政権に対抗するためには、共産党との連携が不可欠である。非共産を掲げない野党第一党の誕生の意味は小さくないはずだ。

それでは、菅政権の発足と野党合流が時を同じくしたことは偶然であろうか。新党結成に総裁選と新内閣発足をぶつけ、メディアの注目を奪う戦略と指摘する向きもあるが、より本質的な意味があるように思われてならない。

想起されるのは、一九五五年である。それまで左右に対立していた社会党が再統一されると、その直後に保守の側でも日本民主党と自由党が合同し、自由民主党が結成された。野党であった革新の側で結集が先行し、それに危機感を覚えた保守の側でも合同の機運が高まったことがポイントである。

今回もまた、政権をねらうことが可能な規模の野党第一党の誕生が、自民党内における主要派閥の総結集をもたらしたと言えるかもしれない。

五五年に合同した自民党の内部には、憲法問題を含め、かなり多様な勢力が存在したが、今回、菅総裁を生み出したグループの間でも、けっして政策ビジョンが共有されているわけではない。

その意味で、新政権の課題は何よりも、安倍政権の総括を前提に、その何を継承し、何を変えていくのか、目指すところを明らかにすることであろう。新型コロナウイルス対策はもちろん、消費税を含む経済財政政策、さらには菅首相の言う「自助・共助・公助」のあり方について、明確な指針の提示が求められる。

野党の側の課題も明らかである。五五年に生まれた体制において、結局は自民党の長期政権を許すことになった。統一したにもかかわらず、ついに社会党は単独で政権を奪うことができなかったのである。新・立憲民主党がその轍《てつ》を踏まないためには、明確な経済財政政策と一致した安全保障戦略が不可欠である。

はたして二〇二〇年体制とでも呼ぶべき、新たな与野党による緊張ある政治が実現するのか、期待して見守りたい。

2020. 09. 20

線を引くという知恵

「線を引く」ことは重要である。何もデザインや数学の話をしているわけではない。およそ政治や経済、社会を論じるにあたって、曖昧になりがちなものの間に明確な区別を与え、両者の不毛な相互干渉や混乱を避けるための工夫の話である。

近代の歴史を振り返れば、重要な原理の多くは「線を引く」ことと関係しているのがわかるだろう。権力分立（三権分立）はわかりやすい例である。他にも、代表するもの（政治家）とされるもの（有権者）の区別があり、経済的・社会的な分業も重要だ。

何より重要なのは、政教分離だろう。政治が宗教を利用したり、あるいは宗教的な対立が政治的な争いに転化したりすることをいかに防止するか。このことは、つねに近代の政治における懸案事項であった。先日、フランスでイスラム教預言者の風刺画を授業で扱った教師が殺害された事件を思えば、この課題はいまだ過去のものとなっていない。政治と宗教の間に一線を画し、それぞれが自らの領域から逸脱しないことこそ、近代政治の知恵である。

政治と軍隊の分離も重要である。政治家が自らの野望を実現すべく軍事力を用いたり、あるいは軍が政治に介入したりすることをいかに回避するか。現在の世界の国々を見ても、この問題に悩まされている国は少なくない。シビリアンコントロールといい、文民統制といわれるが、本質的なのは政治と軍隊の分離である。「混ぜるな、危険」は、洗剤だけの話ではない。

そして政治と学術の分離も見逃すわけにはいかない。過去には時の権力者が、自らの支配を正当化するために学術を利用した例は枚挙《まいきょ》にいとまがない。政権にとって都合の悪い研究を抑圧することはその常套《じょうとう》手段であった。学問や研究の自由を認めることはもちろん、専門家の間の相互批判を通じた自律的な判断を尊重することは、近代政治の重要な原則となっている。

が、それは決して過去の話ではないのかもしれない。米国を見ても、トランプ大統領はかつて、政府自身がまとめた気候変動の報告書を「信じない」として否定した。地球温暖化が経済や暮らしに与える影響を論じる報告書を無視することは、今後、深刻な事態を生み出しかねない。時の政権が、イデオロギーや自らの都合で、科学者や専門家の判断を否定することの危険性をよく示しているだろう。

このように、「線を引く」ことは、決して区別のための区別なのではない。もちろん、そこであえて分離しようとしているものは、実際にはスッパリと分けられないことが多い。しかし、だからこそ明確に区別することが、社会全体の利益になると考えられてきた。つねに肥大化する危険性を秘めた政治権力が関係する場合は、なおさらである。

国家とその時々の政権を区別することも、「線を引く」ことの一つである。権力の担い手は時とともに替わっていく。時の政権が過《あやま》ちを犯すこともあるだろう。それを厳しくチェックし、批判することは、むしろ長期的には国家や社会の健全なあり方に寄与する。政権を批判することは、国家に敵対することと同じではない。

区別されるべきものがされないときには、深刻な問題が生じる。はたして今の日本はそれを免れているのだろうか。

民主主義再生の芽

大混乱の下、米大統領選が終わった。トランプ大統領の支持勢力は敗北を認めない人も多く、トランプ氏自身、政権移行に決して協力的でない。選挙結果を覆そうとする裁判戦略が功を奏するとは思えないが、七千万票を超えたトランプ氏支持の声は、バイデン次期大統領への圧力として働くだろう。新型コロナウイルス対策をめぐる失政にもかかわらず、トランプ氏への支持が依然として大きいことを実感した選挙結果であった。

思えばこの四年間、世界はトランプ大統領に揺さぶられ続けた。民主主義への信念が揺らぎ、報道や言論の自由が脅かされ、何が真実なのか、誰にもわからない状況が拡大した。戦後国際秩序を支えてきた米国が自国中心主義へと引きこもる中、温暖化対策のパリ協定をはじめ、国際的な枠組みは岐路に立たされた。国際協調への動きは

2020. 11. 29

鈍り、各国の利害対立と思惑ばかりが目立つようになった。

そのような四年間が終わりに近づくことで、はたして世界は元に戻るだろうか。そうは思えない。米国政治だけを見ても、共和党はトランプ氏支持者に乗っ取られた形で、かつて父ブッシュ元大統領に代表された穏健な主流派の保守主義は後退したままだ。米国の多様な少数派を結集して力を持った民主党のリベラル派も、富裕層と癒《ゆ》着《ちゃく》したとして批判され、むしろサンダース上院議員などの左派に支持が集まる。左右の分極化が進むばかりで、政治の求心力は回復していない。バイデン氏の前途は厳しいだろう。

とはいえ、悲観すべきことばかりでもない。今回目立ったのは女性政治家の躍進である。ジャマイカ系の父とインド系の母との間に生まれたカマラ・ハリス次期副大統領はその象徴だろう。演説で「民主主義は状態ではなく、行動だ」という言葉を紹介し、「自分は米国初の女性副大統領になるが、最後ではない。これを見ている小さな女の子たちが、この国は可能性の国であると理解するから」と語ったことは大きな感動を呼んだ。

ファーストレディーになるジル・バイデン氏は、教育者としてのキャリアを、大統領の妻の仕事と両立させたいと発言している。さらに大統領選と同時に行われた下院選では、気候変動問題などに取り組み若者の支持が厚いアレクサンドリア・オカシオコルテス氏が再選された。彼女に代表される、エスニックな多様性に開かれた、若い女性議員が躍進したことも今回の一側面である。混迷の時代が続く一方で、新たな民主主義の芽が育ち始めていることを見落とすわけにはいかない。

グローバル経済の下、各国において格差と分断が進み、経済的・社会的不平等が拡大する限り、民主主義の本格的復調への道は険しい。それでも、民主主義の立て直しに向けて、社会の中で生じつつある新たな芽を大切に育て、社会的な信頼関係を再構築していく必要性を多くの人が実感しているのも確かである。人を差別し、切り捨てるのも言葉であるが、同時に不信に満ちた人たちの間に関係を結び直し、ともに議論していく勇気を与えてくれるのも言葉である。あらためて言葉を大切に用い、民主主義の可能性を信じていきたい。

後世、民主主義の矛盾が最もあらわになると同時に、そこからの再生の動きが生じた年として、二〇二〇年が記憶されることを期待している。

2020. 11. 29

あとがき

本書刊行の経緯だけ、最後に少しだけ書いておきたい。

「はじめに」で触れたように、本書は、著者が東京新聞に連載した文章を集めたものである。著者にとっていわば、最初の時評集となる。

連載に際しては、その時々の関心でテーマを選んでいる。それをまとめて一冊の本にする意図はなく、最初に青土社編集部の足立朋也さんからお話をいただいた際には、正直に難しいとお返事した。が、足立さんの熱意に押され、自分が過去に書いた文章を読み直していくと、不思議と一つのまとまりがあるようにも思えてきた。

それはまさにトランプ大統領の大統領選当選に始まり、その政権の終わりに至る、世界の民主主義にとって「危機の五年間」の記録となっている。同時にその五年間は、日本の民主主義にとっても困難な時期であり、政治学者としての著者の思索の過程がこれらの文章に込められていた。これをあらためて読者の前に提供し、この五年間をともに考えるための素材にしていただくことにも意味があるように思えてきた。

タイトルについても一言《いちごん》しておきたい。「民主主義を信じる」は、この五年間を通じての著者の思いであり、その最後の時期に遭遇した出来事を通じて再確認した信条でもある。

二〇二〇年九月末、著者は日本学術会議から会員としての推薦を受けたにもかかわらず、菅義偉首相によって任命を拒否された。この出来事について詳しく触れることは本書の目的ではないし、この事件をめぐる真相も十分に明らかになっていない。まとまった見解を示すには、なお時間を必要とするだろう。この事件が政治と学術の関係に対して持つ意味についても、まだ結論は出ていない（暫定的には二〇二〇年十月の記事である「線を引くという知恵」を参照）。

ここでは、著者が報道各社に共通して示した以下の所感を再掲するにとどめたい。

＊

このたびの件について、私の思うところを述べさせていただきます。

まず、日本学術会議によって会員に推薦していただいたことに感謝いたします。日本の学術を代表する方々に認めていただき、これ以上の名誉はありません。心より御礼申し上げます。

一方、この推薦にもかかわらず、内閣によって会員に任命されなかったことについては、特に申し上げることはありません。私としては、これまでと同様、自らの学問的信念に基づいて研究活動を続けていくつもりです。政治学者として、日々の政治の推移について、学問的立場から発言していくことに変わりはありません。

民主的社会を支える基盤は多様な言論活動です。かつて自由主義思想家のジョン・スチュアート・ミルは、言論の自由が重要である理由を以下のように説明しています。もし少数派の意見が正しいとすれば、それを抑圧すれば、社会は真理への道を自ら閉ざしたことになります。仮に少数派の意見が間違っているとしても、批判がなければ多数派の意見は教条化し、硬直化してしまいます。

私は日本の民主主義の可能性を信じることを、自らの学問的信条としています。その信条は今回の件によっていささかも揺らぎません。民主的社会の最大の強みは、批判に開かれ、つねに自らを修正していく能力にあります。その能力がこれからも鍛えられ、発展していくことを確信しています。

＊

現在もなお、これに付け加える言葉を持たない。「民主主義を信じる」というタイトルに、思いを託すばかりである。

最後に、青土社の足立朋也さんとともに、東京新聞の歴代担当者である金井辰樹さん、清水孝幸さん、高山晶一さんにあらためて感謝したい。

二〇二〇年十二月

宇野重規

宇野重規（うの・しげき）

1967年東京都生まれ。政治学者。東京大学法学部卒業。同大学院法学政治学研究科博士課程修了。博士（法学）。専門は政治思想史、政治哲学。千葉大学法学部助教授、フランス社会科学高等研究院客員研究員を経て、現在、東京大学社会科学研究所教授・副所長。『政治哲学へ――現代フランスとの対話』（東京大学出版会）で2005年度渋沢・クローデル賞ルイ・ヴィトン特別賞を、『トクヴィル　平等と不平等の理論家』（講談社選書メチエ）で2007年度サントリー学芸賞（思想・歴史部門）をそれぞれ受賞。ほかにも、『民主主義とは何か』（講談社現代新書）、『保守主義とは何か――反フランス革命から現代日本まで』（中公新書）、『未来をはじめる――「人と一緒にいること」の政治学』（東京大学出版会）、『政治哲学的考察――リベラルとソーシャルの間』（岩波書店）、『西洋政治思想史』（有斐閣アルマ）、『民主主義のつくり方』（筑摩選書）など著書多数。

民主主義《みんしゅしゅぎ》を信《しん》じる

2021年2月1日　第1刷印刷
2021年2月11日　第1刷発行

著　者　宇野重規《うのしげき》

発行者　清水一人
発行所　青土社
〒101-0051　東京都千代田区神田神保町1-29　市瀬ビル
電話　03-3291-9831（編集部）　03-3294-7829（営業部）
振替　00190-7-192955

印　刷　ディグ
製　本　ディグ

装　幀　山田和寛（nipponia）

ISBN978-4-7917-7347-3　C0030